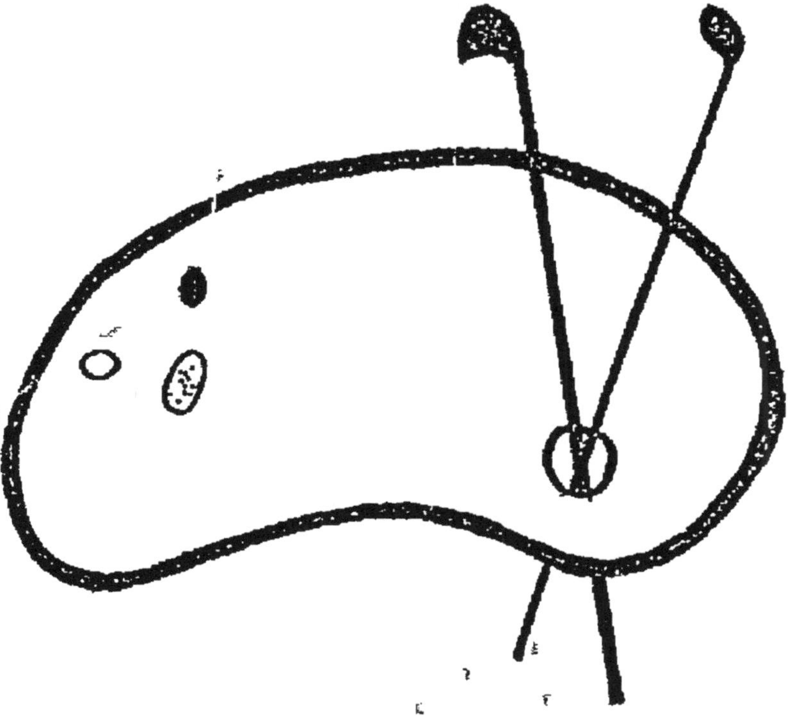

COUVERTURE SUPERIEURE ET INFERIEURE
EN COULEUR

ÉDUCATION MORALE

ET

INSTRUction CIVIQUE

à l'usage des Écoles primaires.

COURS MOYEN ET SUPÉRIEUR

PAR

M. A. MÉZIÈRES

DÉPUTÉ

Membre de l'Académie française,
Professeur à la Faculté des Lettres de Paris

Illustrations par G. GILBERT

PARIS

LIBRAIRIE CH. DELAGRAVE

15, RUE SOUFFLOT, 15

MUSÉE INDUSTRIEL SCOLAIRE

CONTENANT EN DOUZE TABLEAUX

TOUS LES PRODUITS DE L'INDUSTRIE FRANÇAISE

Par C. DORANGEON, professeur de technologie.

Soixante quinze indus- tries représentées.	**Prix : 60 fr.**	Plus de douze cents échantillons

Chaque tableau séparément. . . . . 7 fr. 50
Caisse, fermant au moyen d'un couvercle à charnières, et servant
   à serrer les tableaux . . . . 8 fr. »

Chaque tableau comprend douze séries, et chaque série contient en moyenne dix échantillons. Grâce à un ingénieux système d'attache, le maître peut non seulement détacher chaque série du tableau, mais aussi chacun des échantillons. Ce procédé lui permet de ne faire passer sous les yeux de l'élève que l'échantillon qui est l'objet de son étude.

DIVISION DU MUSÉE SCOLAIRE

Le Musée scolaire est divisé en quatre parties correspondant aux besoins matériels et intellectuels de l'homme. Ce sont : 1° l'alimentation ; 2° le vêtement ; 3° l'habitation ; 4° les besoins intellectuels.

Alimentation 3 tableaux

1er tableau : Graines, farines et pâtes alimentaires.
2e — Légumes secs et épices.
3° — Boissons.

Vêtement : 5 tableaux.

1er tableau : Le lin et le chanvre.
2e — Le coton et le jute.
3e — La laine et la soie.
4e — Le cuir et les peaux.
5e — La teinture et le nettoyage.

Habitation : 3 tableaux.

1er tableau : Construction (les pierres et les bois).
2° — Construction (les différents métaux).
3° — Chauffage et éclairage.

Besoins intellectuels 1 tableau.

Fabrication du papier, des crayons, des plumes, de l'encre ; imprimerie, reliure, etc., etc.

PARIS. — IMP. SOC. ANON. PUBLIC. PÉRIOD. — P. MOUILLOT. — 41051.

ÉDUCATION MORALE

||

INSTRUCTION CIVIQUE

Paris — Impʳ de la Soc anon de Publ period — P. Mouillot.   39976

ÉDUCATION MORALE

ET

INSTRUction CIVIQUE

à l'usage des Écoles primaires

COURS MOYEN ET SUPÉRIEUR

PAR

M. A. MÉZIÈRES

DÉPUTÉ

Membre de l'Académie française,
Professeur à la Faculté des Lettres de Paris

Illustrations par G. GILBERT

PARIS

LIBRAIRIE CH. DELAGRAVE

15, RUE SOUFFLOT, 15

1883

PRÉFACE

Beaucoup de manuels d'*instruction morale et civique* ont déjà été publiés. Je dois des remerciements à leurs auteurs; presque tous m'ont fourni de précieuses indications. Il ne m'a cependant point semblé impossible de renouveler un sujet qui paraissait épuisé.

Ma première innovation consiste à suivre pas à pas, en me servant scrupuleusement des mêmes termes, le programme *d'éducation morale et d'instruction civique* qui a été publié par le ministère de l'Instruction publique. Trouvant devant moi un chemin bien tracé, j'ai pris la résolution de ne pas m'en écarter, de ne pas me laisser entraîner une seule fois à la tentation des chemins de traverse.

Cela facilite singulièrement la tâche du maître.

Il n'a pas besoin de feuilleter le manuel pour y chercher des matières disposées dans un autre ordre ou présentées sous d'autres noms et pour les rapprocher ensuite du programme; il n'a pas non plus de lacunes à combler. Partout où le programme pose une question, notre manuel y répond directement.

Je ne me suis permis aucune modification; j'ai simplement fondu quelques paragraphes du cours moyen et du cours supérieur, pour éviter certaines redites. Il y a d'autres redites que j'ai laissé subsister avec intention, comprenant très bien pour quels sérieux motifs l'auteur du programme revient sur les mêmes sujets. La répétition enfonce impérieusement les souvenirs essentiels dans la tête de l'enfant.

La fidélité scrupuleuse avec laquelle j'ai suivi le programme officiel du ministère de l'Instruction publique est peut-être la meilleure manière de le justifier. J'en ai pesé tous les mots; je n'y ai pas trouvé une seule parole qui puisse exciter les passions politiques, provoquer contre le passé des récriminations stériles ou troubler les consciences. Voilà bien la neutralité de l'école, telle qu'elle nous a été solennellement promise.

Cette neutralité ne va point cependant jusqu'à laisser ignorer à l'enfant sous quel gouvernement il vit.

La République, régulièrement organisée en 1875 et librement votée par les représentants de la souveraineté nationale, est le gouvernement légal de la France. L'enseigner à de futurs citoyens n'est point faire œuvre de politique, encore moins œuvre de polémique. C'est de l'histoire, ce sont des faits, c'est la loi. Nul ne doit ignorer la loi.

En publiant ce modeste ouvrage, je n'ai d'autre désir que de travailler à une œuvre de paix et de patriotisme. Pour un enfant de Metz, comme moi, il n'y a qu'une question : l'union de tous les Français sous le drapeau national pour le relèvement de la patrie. J'espère qu'il ne m'est point échappé une seule parole qui puisse blesser les sentiments ou troubler la conscience d'un seul de mes concitoyens.

Mai 1883.

PROGRAMME

D'ÉDUCATION MORALE ET D'INSTRUCTION CIVIQUE

ÉLABORÉ PAR LE CONSEIL SUPÉRIEUR DE
L'INSTRUCTION PUBLIQUE DANS LA SESSION DE JUILLET 1882

PROGRAMME DE MORALE

COURS MOYEN (de 9 à 11 ans)

I. L'ENFANT DANS LA FAMILLE. — *Devoirs envers les parents et les grands parents.* — Obéissance, respect, amour, reconnaissance. Aider les parents dans leurs travaux. Les soulager dans leurs maladies. Venir à leur aide dans leurs vieux jours.

Devoirs des frères et sœurs. — S'aimer les uns les autres. Protection des plus âgés a l'égard des plus jeunes. Action de l'exemple.

Devoirs envers les serviteurs. — Les traiter avec politesse, avec douceur, avec bonté.

L'enfant dans l'école. — Assiduité, docilité, travail, propreté, convenance dans la tenue et dans l'extérieur. Devoirs envers l'instituteur. Devoirs envers les camarades.

La Patrie. — La France ; ses grandeurs et ses malheurs. — Devoirs envers la patrie et la société.

II. DEVOIRS ENVERS SOI-MÊME. — Le corps. Propreté, sobriété et tempérance. Dangers de l'ivresse. Gymnastique. Les biens extérieurs. Économie (conseils de Franklin); éviter les dettes ; funestes effets de la passion du jeu ; ne pas trop aimer l'argent et le gain ; prodigalité ; avarice. Le travail. Ne pas perdre de temps. Obligation du travail pour tous les hommes. Noblesse du travail manuel.

L'âme. Véracité et sincérité. Ne jamais mentir. Dignité personnelle ; respect de soi-même. Modestie. Ne point s'aveugler sur ses défauts. Éviter l'orgueil, la vanité, la coquetterie, la frivolité. Avoir honte de l'ignorance et de la paresse. Courage dans le péril et le malheur. Patience. Dangers de la colère.

Traiter les animaux avec douceur. Ne point les faire souffrir inutilement. Loi Grammont, sociétés protectrices des animaux.

III. DEVOIRS ENVERS LES AUTRES HOMMES. — Justice, charité (ne faites pas aux autres ce que vous ne voudriez que l'on vous fît); faites aux autres ce que vous voudriez qu'on vous fît. Ne porter atteinte ni à la vie, ni à la personne, ni aux biens d'autrui, ni à sa réputation. Bonté, fraternité, tolérance, respect de la croyance d'autrui.

IV. Devoirs envers Dieu.

COURS SUPÉRIEUR (de 11 à 13 ans).

1° *La Famille*. — Devoirs des parents et des enfants. Devoirs réciproques des maîtres et des serviteurs.

2° *La Société*. — Nécessité et bienfaits de la société. La justice, condition de toute société. La solidarité. La fraternité humaine.

Applications et développements de l'idée de justice. Respect de la vie et de la liberté humaines. Respect de la propriété. Respect de la parole donnée. Respect de l'honneur et de la réputation d'autrui; la probité, l'équité, la délicatesse.

Applications et développements de l'idée de charité ou de fraternité. Ses divers degrés; devoirs de bienveillance; de reconnaissance; de tolérance; de clémence, etc... Le dévouement, forme suprême de la charité. Montrer qu'il peut trouver place dans la vie de tous les jours.

3° *La Patrie*. — Ce que l'homme doit à la patrie. L'obéissance aux lois. Le service militaire. Discipline, dévouement, fidélité au drapeau. *L'impôt* (condamnation de toute fraude envers l'État. *Le vote* (il doit être libre, consciencieux, éclairé, désintéressé). Droits qui correspondent a ces devoirs : Liberté individuelle. Liberté de conscience. Liberté du travail. Liberté d'association. Garantie de la sécurité, de la vie et des biens de tous. La souveraineté nationale. Explication de la devise républicaine : Liberté, Égalité, Fraternité.

PROGRAMME D'INSTRUCTION CIVIQUE

COURS MOYEN (de 9 à 11 ans).

Notions très sommaires sur l'organisation de la France. — Le citoyen, ses devoirs et ses droits. L'obligation scolaire. Le service militaire. L'impôt. Le suffrage universel.

La commune, le maire, le conseil municipal.

Le département, le préfet, le conseil général.

L'État, le pouvoir exécutif. La justice.

COURS SUPÉRIEUR (de 11 à 13 ans).

Notions plus approfondies sur l'organisation politique, administrative et judiciaire de la France.

La Constitution. Le Président de la République. Le Sénat. La Chambre des députés. La loi. L'administration centrale, départementale et communale. Les diverses autorités. La justice civile et pénale. L'enseignement; ses divers degrés. La force publique.

Notions très élémentaires de droit pratique.

L'état civil. La protection des mineurs. La propriété. Les successions. Les contrats les plus usuels : vente, louage, etc.

Entretiens préparatoires à l'intelligence des notions les plus élémentaires d'économie politique.

L'homme et ses besoins. La société et ses avantages. Les matières premières. Le capital, le travail et l'association.

La production et l'échange. L'épargne. Les sociétés de prévoyance, de secours mutuels, de retraite.

ÉDUCATION MORALE

COURS MOYEN ET SUPÉRIEUR

LIVRE PREMIER

L'enfant dans la famille, dans l'école et dans la patrie.

CHAPITRE PREMIER

Devoirs envers les parents et les grands-parents[1].

I

LES PARENTS

L'enfant doit à ses **parents** la vie, la force, la santé. Que deviendrait, sans les soins d'une **mère,** cette pauvre petite créature qui, en venant au monde, ne peut ni se soutenir, ni se nourrir, ni se défendre?

1. Telle est la rédaction du programme officiel pour le cours moyen. Afin d'éviter les redites, j'ai fondu ce paragraphe avec le paragraphe analogue du programme pour le cours supérieur, qui est ainsi conçu :
Devoirs des parents et des enfants.

Abandonnée à elle-même, elle ne saurait que pleurer, elle mourrait bientôt de faim et de froid.

Vos premiers souvenirs, mes enfants, vous rappellent une main qui tient la vôtre pour vous empêcher de tomber, de vous brûler, de vous blesser, de saisir et de

Que deviendrait l'enfant sans les soins d'une mère?

porter à votre bouche des objets dangereux; un visage qui se penche sur votre lit pour calmer vos premières souffrances, une voix qui prononce à votre oreille des paroles douces et consolantes.

Maintenant que vous allez à l'école, qui donc encore met un morceau de pain dans votre panier? Qui allume le feu? Qui fait cuire le dîner et le souper que vous êtes si heureux de trouver en rentrant à la maison? Qui prépare votre lit? Qui vous raconte de longues histoires au coin du foyer, pendant les veillées d'hiver et vous apprend à prier Dieu avant de vous endormir? Votre **mère**, dont vous ne pouvez prononcer le nom qu'avec amour.

Une autre personne aussi veille sur vous. Pendant que votre **mère** garde la maison, votre **père** travaille au dehors, dans les champs, à l'atelier, dans les manufactures, dans les magasins, aux chemins de fer, dans les mines, sur la mer, partout où il trouve le moyen de gagner sa vie et de pourvoir aux besoins de sa famille. Lorsqu'il rentre le soir, fatigué, donnez-lui la joie d'apprendre que, vous aussi, vous avez bien employé la journée, que vous avez travaillé comme lui et satisfait votre maître. Songez qu'après tant de fatigues il a droit au repos. Qu'il ne trouve en rentrant chez lui que des visages heureux et de bonnes nouvelles!

EXERCICES

Que fait pour vous votre mère? — Que fait pour vous votre père?

Exemples.

Un homme d'État de la grande république américaine, John Randolph, disait un jour : « Il y a une chose que je n'ai jamais pu oublier, le souvenir du temps où ma pauvre mère pressait ma petite main dans la sienne, et me faisait mettre à genoux pour dire : « Notre Père « qui êtes aux cieux! »

Michelet, l'illustre historien de la France, écrit quelque part : « Je sens profondément que je suis le fils d'une femme : à chaque instant, dans mes pensées et dans mes paroles (pour ne rien dire de mes traits et de mes gestes), je retrouve ma mère en moi. C'est le

sang de ma mère qui me donne la sympathie que
j'éprouve pour les temps passés et le tendre souvenir
de tous ceux qui ne sont plus. »

II

LES GRANDS-PARENTS

Peut-être, mes enfants, avez-vous le bonheur de
conserver encore vos grands-parents. La **grand'-
maman** est assise près du feu pendant l'hiver; près
de la fenêtre en été. Ses lunettes sur le nez, elle tricote
ou elle file. Elle n'aime pas qu'on la dérange. Elle vous
gronde quelquefois, quand vous faites trop de bruit, ou
lorsque, en jouant, vous passez trop près d'elle. Mais
que de beaux récits elle sait faire et comme vous
devenez attentifs, lorsqu'elle vous parle du temps où
elle était jeune, lorsqu'elle vous raconte les fêtes
auxquelles elle a assisté ou qu'elle vous chante les
vieux airs du pays! Si le **grand-papa** a été cultivateur, il consulte volontiers le baromètre et l'aspect du
ciel, il aime à prédire le temps qu'il fera, il indique
l'époque des semailles, de la fenaison, de la moisson;
s'il a été ouvrier, il raconte son tour de France; s'il a
été soldat, comme tant de Français, vous savez bien
ce qui lui fait plaisir à dire et ce qui vous fait plaisir
à entendre. Vous l'interrogez sur ses campagnes.
Quand il touche à ce sujet, on ne s'aperçoit plus qu'il
est vieux. Ses yeux brillent, sa voix s'élève. Il revoit
le champ de bataille, ses camarades blessés ou tués à
côté de lui, son capitaine qui l'a félicité, le général qui
a peut-être attaché sur sa poitrine un bout de ruban.

Puis il s'interrompt avec un soupir. Nous n'avions pas encore été vaincus. En Afrique, en Crimée, le drapeau tricolore conduisait à la victoire. Depuis, on a été malheureux. Vous savez bien, mes enfants, qu'il manque un morceau de la vieille carte de France.

Écoutez ce que dit le **grand-papa**. Quand il songe

Écoutez ce que dit le grand-papa.

à cela, il s'afflige et il s'indigne; une larme, qu'il ne veut pas essuyer, mais qui coule jusqu'à sa barbe grise, montre qu'il est ému. Il ne désespère pas, cependant; il reprend confiance en vous regardant. N'oubliez jamais ce regard. Il vous trace le devoir que vous aurez à remplir un jour, quand vous serez grands.

EXERCICES

Quelles leçons recevez-vous de vos grands-parents? — Que vous raconte votre grand-papa?

III

OBÉISSANCE

En attendant, votre premier devoir est **l'obéissance**. Elle doit vous être facile. Pour **obéir**, vous n'avez qu'à vous souvenir. Quand vous étiez tout petits, n'avez-vous pas appris par expérience qu'il était bon d'écouter votre **mère**? Elle vous défendait de toucher au feu, vous ne l'avez pas crue, vous vous êtes brûlés. Elle vous défendait de jouer avec un couteau, vous ne lui avez pas **obéi**, et vous vous êtes coupés.

Que ces leçons vous servent ! N'ayez jamais une minute d'hésitation. Ce que vos **parents** et vos **grands-parents** vous défendent vous serait certainement nuisible. Ce qu'ils vous conseillent de faire vous sera utile, lors même que vous ne le comprendriez pas au moment où ils vous le conseillent. S'ils vous fixent des heures régulières pour l'étude, pour les repas, pour le sommeil, croyez-en leur expérience. Ils n'ont d'autre intérêt que le vôtre et ne pensent qu'à votre bien.

Ne vous laissez pas aller à la tentation de ne faire que ce qu'il vous plaît, à l'heure où cela vous plaît. Vous vous ressentirez toute votre vie des habitudes que vous aurez prises dans votre enfance. L'**enfant** exact et laborieux deviendra un **homme** exact et laborieux. L'**enfant** dissipé et paresseux a bien des chances de ne se guérir ni de sa dissipation ni de sa paresse.

D'ailleurs, il vous faudra obéir un jour à la **loi**. Si vous avez commencé par obéir régulièrement à vos *parents*, toute autre obéissance vous sera facile. Si, au contraire, vous ne vous soumettez pas de bonne heure à une discipline, prenez garde ! **l'enfant** désobéissant pourrait devenir un mauvais **soldat,** un mauvais **citoyen.**

En même temps que votre **obéissance** sera prompte, qu'elle soit aimable. Exécutez avec bonne grâce les ordres que vous recevez. Vous montrerez ainsi à vos **parents,** à vos **grands-parents,** que vous n'avez besoin d'aucun effort pour avoir confiance dans leur sagesse et dans leur bonté.

EXERCICES

Pourquoi l'enfant doit il obéir à ses parents ? — Influence sur toute la la vie des habitudes prises dans l'enfance ? — Montrez que l'obéis sance de l'enfant doit être un témoignage de sa confiance absolue dans l'autorité de ses parents.

Exemples.

Influence de l'habitude.

I

Le grand philosophe grec Platon reprochait un jour à un petit garçon de jouer à un jeu ridicule.

— Tu me reprends, dit l'enfant, pour une bien petite chose.

— Une habitude, répondit Platon, n'est pas une petite chose.

II

Le chevalier Bayard, entendant un jour deux de ses pages jurer, les punit sévèrement.

— Chevalier Bayard, lui dit un de ses amis, vous punissez ces enfants pour une bien petite chose.

— Une petite chose! répondit Bayard. Une mauvaise habitude contractée dans la jeunesse n'est pas une petite chose, c'en est une grande.

IV

RESPECT

Le **respect** est le témoignage de la supériorité de vos **parents** sur vous; c'est la marque extérieure de la distance que la nature a établie entre eux et vous.

Vous leur devez le **respect** non seulement parce qu'ils sont plus âgés que vous, mais parce qu'ils vous ont donné des soins depuis votre enfance, qu'ils vous ont nourris, vêtus, logés, envoyés à l'école et que chaque jour de votre vie vous rappelle un de leurs bienfaits.

Le **respect** doit durer aussi longtemps que vous aurez le bonheur de conserver vos **parents.** Il doit se témoigner par votre attitude et par vos paroles. Ne les traitez jamais comme des camarades, comme des égaux. N'oubliez jamais, en leur parlant, les égards que méritent leur âge, les sacrifices qu'ils ont faits, les bontés qu'ils ont eues pour vous. Même si la vieillesse ou la maladie aigrissait leur caractère, sachez supporter avec déférence leurs observations ou leurs reproches.

Les petites souffrances d'amour-propre que vous éprouveriez en les écoutant sont bien peu de chose en comparaison de tout le bien qu'ils vous ont fait. Pardonnez au besoin un peu de mauvaise humeur à ceux qui ont supporté pour vous tant de fatigues et si souvent séché vos larmes.

L'habitude du **respect** vous amènera à les consulter en toute circonstance. Vous vous en trouverez bien dans l'avenir. Lorsque vous aurez à vous marier ou à choisir une profession, il ne vous sera pas inutile de vous être habitués de bonne heure à demander des conseils qui ne vous seront donnés par personne avec plus d'affection et avec plus de souci de vos intérêts que par vos **parents.**

EXERCICES

Pourquoi devons-nous le respect à nos parents ? — Pour quelles raisons ce respect doit-il durer toute la vie ?

Exemple.

Chez les Romains, les consuls étaient les premiers

Le général salua son père avec le plus grand respect.

magistrats de la république, et lorsqu'ils avaient vaincu une armée ennemie, le plus grand honneur qu'on pût

leur faire était appelé le **triomphe.** Ils entraient dans
la ville sur un char attelé de quatre chevaux blancs et
montaient au Capitole. Un de ces généraux triom-
phants, recevant un jour ces honneurs, aperçut parmi
le peuple son père, qui était un citoyen obscur :
aussitôt il descendit de son char, et, s'approchant de
son père, il le salua avec le plus grand respect ! Tel
était chez les Romains le sentiment du respect que les
enfants doivent aux parents.

V

AMOUR ET RECONNAISSANCE

L'obéissance et le **respect** envers les **parents**
sont rendus faciles par le sentiment d'**amour** qu'éveille
au fond des cœurs le souvenir de leur tendresse et de
leurs soins Il paraît doux de leur **obéir** et de les **respecter,** comme si ces marques de soumission étaient
une des formes de l'affection qu'on leur porte, de la **reconnaissance** qu'on leur doit. C'est plus qu'un devoir
qu'on remplit, c'est un besoin du cœur qu'on satisfait.

Le cœur seul peut répondre au dévouement de
l'amour maternel, aux douces caresses qui ont bercé
l'enfance, aux longues nuits que la **mère** a passées
sans sommeil près du lit de ses **fils** et de ses **filles,** aux
durs travaux que le **père** a supportés pour les nourrir.

Quelle joie pour une **fille** de témoigner la reconnaissance dont son cœur est plein en aidant sa **mère** dans
la direction du ménage, pour un **fils** de se sentir en
état de travailler à côté de son **père** et du même métier !
A la campagne, les petites mains des **enfants** ne res-
teront pas inactives pendant les rudes journées de la

moisson; ils prendront une fourche ou un râteau, ils étendront le regain ou le mettront en meules, ils arracheront ou ils ramasseront les pommes de terre.

Pendant ce temps le **fils** de l'**ouvrier** apprendra peu à peu à manier l'outil de son **père**, afin de pouvoir lui donner un coup de main dans un moment de presse. Le **fils** du **marin** montera sur le bateau paternel pour s'exercer au dangereux métier de pêcheur.

Si votre **père** ou votre **mère** tombait malade. mes chers enfants, vous les entoureriez de soins attentifs, vous saisiriez cette occasion de leur montrer que vous n'êtes pas ingrats, que vous savez à votre tour vous donner quelque peine pour eux.

Puissent vos **parents** vieillir sans infirmités ! Mais si un jour les forces leur manquaient, s'ils ne pouvaient plus gagner leur vie, ce serait à vous à les nourrir, à les soigner, comme ils vous ont nourris, comme ils vous ont soignes pendant votre enfance.

EXERCICES

Est-il rien de plus naturel que d'aimer ses parents et de leur témoigner sa reconnaissance ? — Joie qu'on éprouve à les aider dans leurs travaux. — Il faut les soigner dans leurs maladies. — Il faut les faire vivre s'ils ne peuvent plus travailler.

Exemples.

1

Georges Stephenson, un des plus grands inventeurs de ce siècle, ayant réussi à économiser 700 francs (c'était la première fois qu'il avait une pareille somme à sa disposition), l'employa à payer les dettes de son père, pauvre vieil ouvrier mineur qu'un affreux accident avait plongé dans la misère, puis il l'emmena dans

une petite maison, voisine de sa demeure, où le vieillard
vécut heureux pendant de longues années.

II

Léonie Breuil, infirme depuis l'âge de huit ans, reste
tout le jour assise dans un fauteuil. Son père et sa mère
étaient concierges à Paris dans la rue Notre-Dame-des-
Champs, sa mère meurt, son père devient aveugle. Elle
renonce à entrer dans une maison de secours pour
garder son père ; elle le fait vivre en passant ses jours
et une partie de ses nuits à piquer des bottines. La résignation, la douceur de son caractère sont admirées de
tous ceux qui la connaissent. Non seulement elle ne se
plaint pas, mais la satisfaction du devoir accompli donne
à son visage un air de sérénité. Cette infirme, qui aurait
tant besoin elle-même d'être soignée, oublie son mal en
soignant les autres.

(Rapport sur les prix de vertu 1882.)

III

Marie-Sophie Thiébaut, des environs de Commercy
(Meuse), après avoir soigné pendant deux ans sa mère
qu'elle a perdue, est depuis quinze ans l'unique soutien
d'un père âgé de soixante-quinze ans, infirme et dans la
misère, et d'un frère idiot et incapable de tout travail.
Ses compatriotes admirent sa résignation laborieuse et
toutes les privations que s'impose cette brave fille, dont
le travail n'est payé que soixante centimes par jour.
Cela lui a suffi jusqu'ici pour soutenir l'existence de son
père et de son frère. Elle a refusé des places lucratives
pour ne pas les quitter, car ils ne pourraient se passer
de ses soins journaliers.

(Rapport sur les prix de vertu. 1860.)

IV

Gabriel Dieudonné, de Lille, a commencé par être savetier. Il est devenu plus tard messager de quelques commissionnaires des villes voisines. Entré dans le corps des sapeurs-pompiers, il est toujours le premier lorsqu'il y a des services à rendre et des dangers à courir.

Sa nature généreuse se révéla de bonne heure. Dès l'âge de seize ans, il prit à sa charge sa mère malade et refusa de la laisser conduire à l'hospice, quoiqu'il n'eût pour toute ressource que les produits si modiques de son humble métier. Plus tard il montra la même piété filiale envers sa belle-mère, la recueillit chez lui et la soigna jusqu'à la mort.

(Rapport sur les prix de vertu. 1843.)

V

Déjà sous-officier et sur le point de passer officier, Fonta, du département de l Ariège, apprend que son père et sa mère, vieux et infirmes, sont tombés dans la misère et l'isolement. Aussitôt il abandonne l'espoir d'un avancement assuré, il se dévoue à remplacer son père comme maître d'école, en lui laissant tout ce qu'il gagne. Pour ajouter quelque chose à son modeste salaire, il va donner à de grandes distances, après les heures d'école, des leçons dans les villages environnants et finit sa laborieuse journée en rapportant à ses pauvres parents tantôt du bois qu'il a ramassé, tantôt quelques aliments qu'il a obtenus par charité. Quant à lui, il ne mange que du pain noir, et pendant dix années il mène cette rude vie, sans compter tous les soins qu'il donne à ces deux vieillards accablés d'infirmités dégoûtantes.   *(Rapport sur les prix de vertu. 1857.)*

CHAPITRE II

Devoirs des frères et sœurs.

I

S'AIMER LES UNS LES AUTRES

Heureux les **enfants** qui ont des **frères** et des **sœurs!** L'**enfant** unique ne connaît pas la douceur de voir vivre auprès de lui, à chaque instant du jour, dans l'intimité de la famille, des compagnons de son travail et de ses jeux.

Ces compagnons, mes enfants, vous n'avez pas de peine à les aimer. Vos **parents** les aiment, cela suffirait pour vous les rendre chers, si vous n'aviez déjà des motifs personnels de leur être attachés. Vous grandissez ensemble, sous le même toit, vous prenez vos repas à la même table. Souvent vous partez pour l'école et vous en revenez à la même heure. Travail, plaisirs, privations, tout vous est commun. Vous jouissez mieux de ce qui vous amuse, lorsque vous n'êtes pas seuls à vous amuser. Il y a bien des jeux auxquels on ne peut jouer sans un ou plusieurs compagnons. Quand vous ne devriez à vos **frères,** à vos **sœurs,** que le plaisir de causer et de rire à votre aise, ne seriez-vous pas leurs obligés, mes enfants? Si vous avez un chagrin ou un ennui, ne le supportez-vous pas plus facilement lorsque vous le partagez avec eux?

Remerciez-les donc de vous rendre la vie plus douce, aimez-les pour le bonheur qu'ils vous donnent et que vous ne connaîtriez pas si vous étiez seuls. S'ils ont des défauts de caractère — qui n'en a pas? — soyez indulgents pour eux, comme vous avez besoin qu'ils le soient pour vous.

Deux **frères** qui s'aiment, qui peuvent s'appuyer l'un sur l'autre avec une confiance absolue dans toutes les circonstances de la vie, sont bien forts contre le chagrin, bien préparés à jouir du bonheur que l'existence leur réserve. Les **sœurs** ont droit à des sentiments plus tendres encore que les **frères.** Il y a dans leur manière d'aimer une délicatesse et une grâce qui appellent une amitié plus caressante et qui ne s'effraient pas d'une nuance de protection. Une **sœur** pourrait se blesser ou s'affliger d'une parole brusque, d'un mouvement d'humeur. Elle ne s'offensera pas que vous lui proposiez un appui ou un secours. Traitez-la comme un être délicat dont la sensibilité a besoin d'être ménagée.

<h3 style="text-align:center">EXERCICES</h3>

Quels motifs avons nous d'aimer nos freres et nos sœurs? — Comment devons nous traiter nos freres? — Comment devons nous traiter nos sœurs?

Exemple.

Georges Stephenson, encore enfant, accompagnait un jour sa sœur aînée, qui allait à la ville voisine acheter un chapeau. Dans une boutique la jeune fille vit un chapeau tout à fait de son goût, mais dont le prix dépassait de quelques sous la petite somme qu'elle avait dans sa bourse. Elle s'éloignait, le cœur un peu gros, lorsque Georges lui dit tout à coup : — Ne te tourmente pas, je vais voir si je ne puis gagner l'argent qui te manque. Attends-moi seulement ici. — Et il partit au pas de course dans la direction du marché.

La jeune fille attendit quelque temps ; elle commençait même à s'inquiéter, quand elle vit revenir son frère tout courant : — J'ai de l'argent, lui cria-t-il de loin. — Et comment te l'es-tu procuré ? — En tenant les chevaux

David Stephenson tient les chevaux des marchands.

des marchands, répondit joyeusement le jeune homme, heureux d'avoir pu faire à sa sœur un grand plaisir en s'imposant une petite peine. Quel est le frère qui ne serait heureux d'en faire autant ? Seulement tous n'y penseraient pas. Ce qu'il y a de plus méritoire dans l'action de Stephenson, ce n'est pas la peine qu'il s'est donnée, c'est la délicatesse de sa pensée.

II

PROTECTION DES PLUS AGÉS A L'ÉGARD DES PLUS JEUNES

Dans les familles nombreuses, lorsque les **parents** travaillent au dehors ou que l'un d'eux meurt avant l'âge, les aînés des **enfants** sont souvent chargés de la garde des plus jeunes.

Les **filles** s'acquittent de ce devoir avec un instinct tout maternel. Elles portent les petits dans leurs bras, elles les promènent, elles les amusent, elles leur donnent à manger, elles leur apprennent à être sages; elles jouent déjà tendrement et habilement le rôle de la **mère.** On a vu des **orphelines** qui, dès l'âge de treize ans, savaient diriger un ménage, tenir les **enfants** propres et préparer le repas de chacun. Les **garçons** sont moins à leur aise dans ce rôle de protecteurs. Ils y apportent plus de gaucherie et de rudesse. Mais leur devoir est aussi un peu différent. On ne leur demande pas de remplacer la ménagère. Ils n'y seraient guère propres. Ce qu'on attend surtout d'eux, c'est le sentiment de ce qu'ils doivent à leurs **frères** et à leurs **sœurs** plus jeunes, le désir de remplacer auprès d'eux les **parents** qui manquent, la volonté de se priver eux-mêmes de quelque chose, d'un peu de liberté ou d'un plaisir, la résolution de travailler, s'il le faut, pour que leurs cadets ne soient pas privés du nécessaire.

Voilà ce qu'on appelle l'esprit de famille. La famille n'existe que là où chacun est résolu à ne point s'isoler, à partager la bonne ou la mauvaise fortune des autres; à prendre sa part des sacrifices de tous. Il ne s'agit point ici seulement d'un devoir à remplir. L'intérêt y trouve son compte. Les **aînés,** qui ont commencé par aider les plus jeunes, pourront un jour avoir besoin du secours de ceux-ci. Ils auront plus de raisons de compter sur leur dévouement, s'ils leur en ont eux-mêmes donné l'exemple.

EXERCICES

Que doivent faire les enfants plus âgés à l'égard des plus jeunes? — Le dévouement fraternel. — L'esprit de famille.

Exemples:

I

Le père de Madeleine Grobot, d'Angoulême, meurt,

L'intrépide Madeleine est la mère de famille de tous.

laissant onze enfants à la charge de leur mère qui devient folle de douleur et d'épouvante devant ce fardeau. L'aînée est l'intrépide Madeleine. Elle a seize ans à peine; mais elle accepte ce fardeau sans hésiter, tel que Dieu l'a fait. Elle sera la mère de famille de tous, y compris sa mère, qu'elle ne consent pas à livrer aux soins de la charité publique. Elle élève ses frères et ses sœurs par son travail. Elle les fait à son image, tous croyant en Dieu, tous travaillant pour l'œuvre commune. Quand elle les a mariés, alors seulement elle pense à elle-même; elle accepte à trente sept ans de devenir la femme d'un brave homme qui l'aimait et qui l'attendait depuis vingt ans.

(Rapport sur les prix de vertu. 1854.)

II

Le cabaretier Monteil, qui était veuf, mourut à Joyeuse (Ardèche), le 22 octobre 1854; il laissa six orphelins, la plupart en bas âge. Son héritage consistait en une maison et en un chiffre de dettes beaucoup plus élevé que la valeur de la maison. Le fils aîné de Monteil faisait alors son tour de France, afin de se perfectionner dans la profession de serrurier-mécanicien qu'il avait embrassée. Dès qu'il apprit la mort de son père, il s'empressa de revenir à Joyeuse et de se mettre à la tête de la maison, avec la ferme résolution de servir de père à ses jeunes frères et sœurs.

D'abord il essaya de continuer l'exploitation du cabaret; mais il s'aperçut bientôt que ce genre d'industrie, où son père s'était ruiné en partie, était loin de lui donner les moyens de subvenir aux besoins de sa famille.

D'autre part, les créanciers de son père exigeaient qu'on les payât. Le pauvre Monteil ne manquait pas de soucis, sa position était pénible et difficile, il lui fallait une certaine somme : où la trouver?

Que fait-il alors? C'était au moment de la guerre

d'Orient; le prix des remplacements militaires était très élevé; il vit là un moyen de salut. Sans hésitation il se sacrifie pour ses frères et ses sœurs, et il emploie les 2,300 francs qu'il a reçus, en partie à payer les créanciers, en partie à entretenir les pauvres orphelins.

Embarqué comme mécanicien à bord d'un bâtiment à vapeur de l'État, le jeune Monteil n'a cessé d'économiser tout ce qu'il a pu sur sa solde et de l'envoyer à ses frères et à ses sœurs.

(Rapport sur les prix de vertu. 1858.)

III

ACTION DE L'EXEMPLE

L'influence de l'**exemple** est très grande chez les **enfants.** Les aînés d'une famille ne doivent point oublier qu'il dépend d'eux, par la conduite qu'ils tiennent, de pousser au bien ou au mal leurs **frères** et leurs **sœurs** plus jeunes. S'ils remplissent toutes leurs obligations envers leurs **parents,** s'ils les **respectent,** s'ils leur **obéissent,** s'il les **aiment,** ils donneront un exemple qui sera généralement suivi. S'ils manquaient aux devoirs de la piété filiale, ils seraient coupables de l'influence que peut exercer sur de jeunes âmes la contagion du mal.

Tout ce qu'ils font a de l'**importance,** non seulement pour eux-mêmes, mais pour ceux qui les suivent dans la vie et qui reçoivent souvent de leurs premières années une impression ineffaçable. Ce doit être pour eux une raison nouvelle de veiller sur leurs actions et de ne rien se permettre qui puisse devenir un objet de scandale.

Que de regrets n'auraient-ils point si de mauvais exemples donnés, des actes d'indiscipline ou d'inconduite, affaiblissaient le sens moral chez des enfants trop jeunes pour se défendre contre les entraînements de la tentation et qu'ils auraient à se reprocher un jour d'avoir corrompus.

Ils ont un rôle plus noble à jouer : celui de guides affectueux de ces jeunes consciences, d'amis qui savent gronder au besoin, mais qui savent aussi encourager et qui ne recommandent jamais une bonne action à faire, une vertu à pratiquer, sans commencer par en donner eux-mêmes l'**exemple.**

Un **frère** aîné bon et attentif est le meilleur auxiliaire des **parents** dans l'éducation des **enfants.** Il voit de plus près ses jeunes **frères** et ses jeunes **sœurs,** il connaît quelquefois mieux leurs défauts et leurs qualités. On se cache moins de lui que du **père** ou de la **mère.** Son intervention est plus fréquente et plus familière. Il reçoit des confidences ou il surprend des dispositions qui échapperaient à une autorité plus haute et plus éloignée que la sienne.

Beaucoup d'honnêtes gens ont été formés presque autant par la bonne direction qu'ils ont reçue de **frères** ou de **sœurs** aînés que par les soins et les bonnes leçons de leurs **parents.**

Le grand poète anglais Wordsworth disait que sa *sœur* avait été son bon ange, quand il était encore enfant et quand il devint homme. « On a beaucoup parlé sur l'éducation, disait sir Charles Bell, mais je trouve qu'on a perdu de vue l'**exemple** qui est tout. Ma meilleure éducation fut l'**exemple** que me donnèrent mes frères.»

EXERCICES

Obligation étroite pour les frères et les sœurs plus âgés de ne donner aux plus jeunes que de bons exemples. — Influence dangereuse des mauvais exemples. — Responsabilité des aînés devant la famille.

CHAPITRE III

Devoirs envers les serviteurs [1].

LES TRAITER AVEC POLITESSE, AVEC BONTÉ

Les **enfants**, dont le devoir le plus régulier est la soumission envers leurs **parents** et leurs **maîtres**, n'ont point en réalité d'inférieurs. Si cependant on les laissait faire, ils traiteraient volontiers les **domestiques** comme des êtres d'une nature différente de la leur, auxquels ils auraient le droit d'imposer leurs volontés et jusqu'à leurs caprices. Il y a dans tout **enfant** un petit despote en herbe, qu'il est nécessaire de corriger. C'est aux parents à étouffer dans l'œuf cette disposition précoce à la tyrannie.

Dès que vous réfléchirez, mes jeunes amis, vous reconnaîtrez bien vite que les **serviteurs** sont nos semblables, nos frères. Leur origine est la même, leur destinée est la même que la nôtre. Vous leur reconnaîtrez des qualités et des vertus que leurs maîtres n'ont pas toujours.

Pensez quelquefois à la dureté de leur sort. Ils ne s'appartiennent pas, ils vivent et ils travaillent uniquement pour d'autres. Leur âge et leur bonne volonté ne les préservent pas toujours des réprimandes sévères. Vous pouvez adoucir pour eux la tristesse de leur situation. Une marque de politesse, une parole aimable

1. Paragraphe du programme officiel pour le cours moyen, fondu avec le paragraphe analogue du programme pour le cours supérieur qui est ainsi conçu :
Devoirs réciproques des maîtres et des serviteurs.

vous gagneront facilement des cœurs qui n'osent se livrer, que le malheur rend fiers ou timides et qui n'attendent qu'un témoignage de sympathie pour y répondre. Vous sentez trop ce qu'il doivent souffrir pour les fatiguer de vos exigences; au besoin même, vous les excuseriez si on leur adressait devant vous quelque reproche trop dur.

Faites de temps en temps un effort pour sortir de vous-mêmes, mettez-vous par la pensée à la place des **domestiques,** vous arriverez à vous conduire envers eux comme vous voudriez qu'on se conduisît envers vous, si vous étiez nés pour servir.

Si l'on savait tout le bien qu'on peut leur faire, tout le courage qu'on peut leur donner par une parole bienveillante, tout ce qu'on peut obtenir d'eux en les traitant avec égards, on ne se refuserait jamais le plaisir de faire une bonne action, qui deviendrait si vite une bonne affaire.

EXERCICES

Les enfants n'ont point d'inférieurs, ils n'ont aucun droit sur les serviteurs. — Les serviteurs sont nos semblables, ils ne diffèrent de nous que parce qu'ils sont plus malheureux. — Il y aurait de la lâcheté à les faire souffrir. — Plus leur situation est pénible, plus les enfants leur doivent d'égards.

Exemple.

Pour vous faire comprendre tout ce qu'il peut y avoir de bonté et de dévouement dans l'âme des domestiques, combien ils peuvent nous être supérieurs à nous-mêmes, je voudrais vous raconter ce qui se dit, tous les ans, lorsque le rapport des prix de vertu est

fait à l'Académie française. Il n'y a pas d'année où le
rapporteur n'ait à signaler d'admirables exemples
donnés par des serviteurs. Bien souvent ce sont eux
qui viennent au secours de leurs maîtres devenus
pauvres, qui leur sacrifient toutes leurs économies et
tout leur temps, qui les soignent dans les maladies les
plus longues et les plus rebutantes; qui, à leur mort,
recueillent et élèvent leurs enfants au prix des plus
grandes privations.

Voici un exemple pris au hasard. On pourrait en
citer des milliers aussi vrais et aussi touchants.
En 1830, M. et Mme de Butler avaient perdu toute leur
fortune; ils ne pouvaient même plus garder à leur
service leur unique domestique, Suzanne Bichon. Ils
cherchèrent eux-mêmes une place, n'ayant plus aucun
moyen de payer ses gages.

Mais « la bonne Suzette », comme disaient les gens
du voisinage, ne voulut point entendre de cette oreille.
Se séparer! quitter ses maîtres! quitter ses chers
enfants! Et pourquoi? qu'est-il besoin de gages? Suzette
n'en veut pas; elle ne sera pas à charge à la famille,
elle travaillera au dedans, au dehors s'il le faut; elle
conjure qu'on la garde, et lorsque enfin la délicatesse
de M. et Mme de Butler, vaincue par cette insistance, a
cédé, la bonne Suzette remercie en versant des larmes,
comme si on venait de lui accorder un bienfait.

Dès ce moment, elle redouble à la fois de respect et
de dévouement. Elle devient, dans les jours de cruelles
épreuves, la seule ressource de la maison, et lorsque
plus tard un honnête artisan la presse de devenir sa
femme, Suzette refuse : « Il vous sera facile, répond-
elle, de trouver une autre femme; mes maîtres pouraient-
ils se procurer une autre servante? »

En 1843, M. de Butler mourut, laissant sa veuve et ses enfants dans la plus profonde détresse, mais avec Suzette Bichon. Alors, commença entre les deux nobles femmes un combat de courage et de générosité. Mme de Butler résolut de se placer et de gagner à son tour, s'il était possible, le pain de sa famille. Suzette s'y opposa ; son cœur se révoltait à l'idée de voir une personne qui lui était si chère descendre ainsi du rang qu'elle avait jusqu'alors occupé ; elle avait des espérances mensongères, elle avait des ressources supposées, elle avait mille ruses ingénieuses pour retarder chaque jour le parti que sa maîtresse voulait prendre. Enfin la mère l'emporta : Mme de Butler devint dame de compagnie, et Suzette, retirée aux Batignolles, prit pour elle la charge des petits enfants.

De tels exemples prouvent suffisamment aux enfants que les serviteurs sont bien nos frères et nos égaux, capables des mêmes vertus et des mêmes dévouements que les meilleurs d'entre nous.

CHAPITRE IV

L'enfant dans l'école. — Devoirs envers l'instituteur.

I

ASSIDUITÉ

Il y avait autrefois dans le village où demeure Jean une vieille maison d'**école** noire et triste, au plafond bas, aux murs sales, aux fenêtres étroites. Les

odeurs des écuries voisines y pénétraient et y restaient
quelquefois. Les enfants y entraient le cœur serré,
comme dans une prison. L'inspecteur d'académie,
l'inspecteur primaire, les délégués scolaires se plai-
gnaient et signalaient le mal ; mais la commune était
trop pauvre pour se construire toute seule une **école**.

Aujourd'hui le gouvernement de la République, qui
fait tant de sacrifices pour l'instruction populaire, vient
d'aider la commune à bâtir une maison neuve, très
simple, mais vaste, bien aérée et bien éclairée. L'air et
la lumière y entrent par de larges fenêtres à travers lesquelles on aperçoit un coin de l'horizon, un peu de
verdure, quelques arbres. Des cartes coloriées égayent
la nudité des murailles blanchies à la chaux. Un préau
permet au maître de couper les longues heures de
classe des enfants par quelques minutes de récréation
en plein air. Depuis lors Jean va gaiement à l'**école,**
y arrive un des premiers, s'y plaît et y travaille.

Mais il ne fera vraiment tout son devoir, il ne pro-
fitera bien de l'enseignement qu'il reçoit, que s'il con-
tinue à être **assidu.** Plus d'école buissonnière, plus de
matinées passées à courir en semaine dans les bois.
Si l'on veut savoir quelque chose, il faut travailler avec
suite, avec persévérance, à l'âge où la mémoire retient
facilement ce qu'on lui confie. Une journée perdue ne
représente pas seulement une perte de temps matérielle.
La valeur même du travail de l'écolier s'en ressent. Il
est plus difficile de reprendre sa tâche après l'avoir
interrompue. Il faut un nouvel effort pour se remettre
en train. On gaspille ainsi des forces qu'on aurait mé-
nagées si on en avait fait un emploi régulier.

Rien ne fatigue plus les chevaux attelés que les arrêts fréquents. L'esprit de l'enfant est comme un jeune

cheval qui a besoin d'être tenu en haleine par un exercice quotidien et de ne se reposer qu'à des intervalles
fixés. Sa tâche lui paraîtra plus légère s'il l'accomplit
au jour le jour, lentement, régulièrement, par une
sorte de progrès continu et constant dont il ne sent
pas la fatigue. Il est par conséquent plus intéressé
que personne à suivre **assidûment** les leçons de son
maître. Il aura beaucoup plus de peine à rattraper
le temps perdu qu'il n'en aurait à ne pas se laisser
attarder.

Qui sait, d'ailleurs, s'il rattraperait jamais ceux de ses
camarades qui auraient pris les devants. Il pourrait
se repentir toute sa vie d'avoir été insouciant ou négli-
gent pendant ces heures fécondes de l'enfance qu'il
ne retrouvera plus. Ce qu'il n'aura point appris alors,
il risque de ne l'apprendre jamais.

EXERCICES

Heureuse et agréable disposition de l'écolo moderne. — Avantages de l'assiduité. — Inconvénients de la négligence.

II

DOCILITÉ, TRAVAIL, CONVENANCE

Vous devez à **l'instituteur**, mes enfants, quelque
chose de ce que vous devez à vos **parents.** C'est lui qui
vous instruit à leur place. Vous êtes témoins de la
peine qu'il se donne. Il dépend de vous de lui faciliter
sa tâche par votre docilité, par votre soumission.
Écoutez-le comme vous écouteriez vos **parents.** Il n'a
pas de plus grand chagrin que celui d'être obligé de
vous réprimander ou de vous punir. Épargnez-lui ce
souci en vous conduisant bien. Ce sera la meilleure

manière de lui témoigner une reconnaissance à laquelle il a droit de votre part.

S'il se montre quelquefois sévère pour vos fautes, s'il vous reproche vos légèretés et vos étourderies, il le fait pour votre bien. Ne lui gardez pas rancune d'une sévérité à laquelle vous devrez de pouvoir vous corriger de vos défauts à l'âge où il en est temps encore. Un indifférent ne se donnerait pas cette peine. Lorsque **l'instituteur** vous gronde, c'est qu'il vous aime et qu'il voudrait vous rendre meilleurs.

Vous le récompenserez de ses efforts si vous êtes attentifs à ses leçons. Apprenez par cœur tout ce que vous pourrez apprendre ; l'exercice de la mémoire est un de ceux qui conviennent le mieux à votre âge. N'apportez à l'**école** que des cahiers bien tenus. On juge quelquefois un écolier par le seul examen de ses devoirs, par la propreté et par le soin avec lesquels il écrit. Un cahier barbouillé et taché d'encre ne donne pas bonne opinion de celui auquel il appartient. On juge aussi un enfant par la manière dont il se tient en classe. S'il se remue sans cesse à son banc, s'il regarde à droite et à gauche au lieu d'écouter la parole du maître, s'il essaye de causer à voix basse avec ses voisins, s'il les distrait, c'est un mauvais écolier. Non seulement il perd son temps, mais il manque envers le maître à un devoir de convenance. Tâchez, mes chers enfants, de ne jamais lui ressembler.

EXERCICES

Quels sont les devoirs de l'enfant envers l'instituteur ?—A quels signes reconnaît-on un bon ou un mauvais écolier

Exemples.

I

Alexandre le Grand, élevé par le philosophe Aristote,
avait pour son maître une si grande reconnaissance
qu'il disait : « Je lui dois autant qu'à mon propre père.
Celui-ci m'a donné la vie, mais mon maître m'a appris
à être homme. »

II

Théodose, empereur romain, entrant un jour dans
la salle où son jeune fils travaillait avec son précepteur,
trouva l'enfant assis et le maître debout devant lui.
« Lève-toi, mon fils, lui dit-il sévèrement ; c'est à nous

Charlemagne fit placer a sa droite les bons écoliers, les mauvais à sa gauche.

de rester debout devant celui à qui nous devons notre
instruction, et de l'écouter avec respect. »

III

Charlemagne visitait les écoles qu'il avait fondées.

2.

Un jour, ayant examiné les élèves, il trouva que les enfants des pauvres familles étaient plus appliqués, plus laborieux et plus instruits que les jeunes nobles. Alors il fit placer à sa droite les bons écoliers, les mauvais à sa gauche, et dit à ceux-ci d'une voix sévère : « Par le Dieu du ciel ! je fais peu de cas de votre noblesse, quoique d'autres vous admirent. Soyez sûrs que si vous ne réparez pas votre négligence, vous n'obtiendrez rien de moi. »

III

DEVOIRS ENVERS LES CAMARADES

Ce que vous voyez dans la **classe,** vous le verrez plus tard, quand vous serez grands, dans la **société,** parmi vos égaux ; des natures différentes, des visages, des manières qui attirent votre sympathie, des caractères qui vous inspirent au contraire un sentiment de répulsion.

Il est naturel que vous alliez d'abord vers ceux qui vous plaisent, vers ceux que les mêmes goûts rapprochent de vous. Vous trouverez peut-être parmi eux des amis auxquels vous resterez attachés pendant toute votre vie. Rien de plus doux et de plus sûr qu'une amitié d'enfance, contractée sur les bancs de l'école. On s'est connu à l'âge de la franchise, lorsqu'on ne déguisait pas sa pensée. Il en résulte un sentiment de confiance mutuelle que le temps ne peut effacer.

Mais, si vous avez le droit de montrer des préférences, n'oubliez pas qu'elles ne vous dispensent point de témoigner à tous vos camarades une égale bienveillance. Ne soyez durs pour aucun d'eux. S'ils ont besoin de vous, s'ils vous demandent un service, tendez-leur fraternellement la main.

Les écoliers d'une même classe sont comme les enfants d'une même famille. Ils se doivent les uns aux autres une mutuelle assistance. Celui qui dénoncerait un camarade même coupable, celui qui abuserait de sa force contre un camarade faible, manquerait à un devoir de cordialité et de fraternité auquel aucun écolier ne saurait se soustraire sans s'exposer à être sévèrement jugé. —

EXERCICES

Amitiés d'enfance. — Comment l'enfant doit-il se comporter avec tous ses camarades, quels qu'ils soient.

Exemples.

I

Dans son enfance, Henry Martyn était d'une constitution faible et délicate ; sa santé l'empêchait en général de prendre part aux jeux de l'école. Il n'en avait pas moins un caractère assez vif et un peu emporté. Ses camarades, qui s'en étaient aperçus, s'amusaient à le taquiner pour le mettre en colère. Comme ils étaient plus forts que lui, ses emportements les divertissaient au lieu de leur faire peur.

L'un des plus grands le prit cependant en amitié, précisément parce qu'il le voyait faible et opprimé ; il se fit son protecteur contre ceux qui le persécutaient, se battit au besoin pour lui et l'aida même dans ses devoirs.

Se sentant ainsi soutenu et encouragé, Henry Martyn commença par se guérir de ses accès de colère. Le calme de son grand camarade le forçait à rentrer en lui-même et à se modérer. Sous la direction du même ami, qui aimait le travail, il devint à son tour laborieux et obtint le premier rang à la fin de l'année. Sans cette heureuse rencontre, il aurait peut-être fort mal terminé ses études, comme il les avait mal commencées.

Rien de plus précieux que de trouver ainsi une bonne amitié au début de la vie.

II

Un des meilleurs et des plus honnêtes ministres que la France ait eus, Turgot, étant en pension dans son enfance, recevait de sa famille un peu d'argent pour ses menus plaisirs. On s'aperçut que cet argent était tout de suite dépensé, mais on ne savait pas ce qu'il en faisait. On le surveilla et on finit par découvrir qu'il l'employait à acheter des livres pour ses camarades pauvres.

CHAPITRE V

L'enfant dans la patrie et dans la société.

I

LA FRANCE. — SES GRANDEURS

Vous connaissez, mes enfants, la **famille** et l'**école**. Vous avez des **parents**, des **frères**, des **camarades**. Voilà votre petite **patrie**; elle se compose de tous ceux au milieu desquels vous vivez, des habitants de votre commune.

Mais vous savez très bien que votre commune n'est pas seule. Autour de vous, dans vos promenades, vous avez aperçu les clochers des villages voisins. Peut-être même avez-vous visité quelques-uns de ces villages. Vous y avez trouvé des personnes qui vivent de la même vie que vous et qui parlent votre langue. Ce sont vos concitoyens, les enfants de la grande **patrie.**

Élargissez maintenant votre horizon. Supposez des milliers de villages et de villes, placés les uns à côté des autres, sur des hauteurs, dans des vallées, au milieu des plaines. Ce vaste pays, coupé par des fleuves et par des rivières, ce pays que bornent deux mers, l'Océan et la Méditerranée, aux frontières duquel se dressent de grandes montagnes, le Jura, les Alpes, les Pyrénées, c'est votre **patrie** commune, c'est cette belle France dont vous ne devez jamais prononcer le nom qu'avec **respect** et avec **amour.**

Pour que vous deveniez un jour **citoyens** de ce grand pays, des millions d'hommes ont travaillé, ont souffert, sont tombés. Par leurs luttes, par leurs souffrances, par leur mort, ils vous ont donné bien autre chose qu'un territoire géographique, ils vous ont créé une histoire dont vous avez le droit d'être fiers, des traditions de gloire et de grandeur morale qu'il ne vous sera jamais permis d'abandonner.

Rappelez-vous que ce sont vos ancêtres qui ont sauvé l'Europe chrétienne en la défendant au Midi contre les Arabes, au Nord contre les Saxons. Le plus beau monument de notre vieille langue, la *Chanson de Roland*, raconte les combats des compagnons de Charlemagne.

Il y a bien près de mille ans que les grandes **écoles**

de Paris attirent, par l'éclat de leur enseignement, des
milliers de jeunes gens de toutes les parties du monde.
Cette force morale nous est toujours restée. Nous avons
subi bien des désastres; la France a été envahie par les
Anglais, par les Espagnols, par les Impériaux, par les
Russes, par les Allemands : l'esprit français a résisté.
On a pu entamer le territoire, on n'a pas entamé l'esprit français. C'est lui qui, par la beauté de notre
langue, par la politesse de nos mœurs, par la succession d'hommes d'État, de soldats, d'écrivains, de
savants, d'artistes qu'il a inspirés, a créé l'unité de la
patrie française. Aucun des ouvriers de notre grandeur, qu'ils aient travaillé de la pensée, de l'épée, de la
plume ou du pinceau, n'a été inutile à l'œuvre commune. Tous, quels qu'ils fussent, prenaient part à la
construction de ce grand édifice qui nous abrite encore
et qui s'appelle la France.

II

SES MALHEURS

Lorsque le monument paraissait chanceler, un cri
d'angoisse sortait de toutes les poitrines. Il n'y avait
plus alors ni gens du Nord, ni gens du Midi, ni paysans,
ni bourgeois, ni gentilshommes. Il n'y avait que des
Français jaloux de conserver non seulement le territoire national, mais le trésor également précieux de
la civilisation française.

Ce qu'il y a d'admirable dans l'œuvre de nos pères,
c'est le sentiment de solidarité qui unit entre elles
toutes les parties de la nation comme les membres

d'une même famille. La vie est si douce sous le ciel de la France, les mœurs sont si aimables, la **patrie** représente si bien une partie essentielle du bonheur, que personne, même parmi les plus pauvres, même parmi les plus malheureux, ne se résigne à la durée de la domination étrangère.

Ceux qui souffrent savent bien qu'ils souffriraient davantage sous la main dure des conquérants. Aussi le patriotisme fait-il explosion au village aussi bien qu'à la ville, dans les plus humbles chaumières aussi bien que dans les plus magnifiques châteaux. C'est une fille du peuple, une simple paysanne de Lorraine, qui réchauffe le courage des hommes d'armes et qui conduit à la bataille les chevaliers de Charles VII.

N'oubliez, mes enfants, aucun des grands noms de cette généreuse histoire. Ne distinguez pas entre eux, ne créez pas entre eux de catégories. Qu'ils vous soient tous également chers et sacrés ! Et Duguesclin, le gentilhomme, et Jeanne Darc, la fille du paysan, et Richelieu, le prince de l'Église, et Condé le prince du sang, et Colbert le bourgeois, et Vauban l'ingénieur, et Kléber, le fils de l'ouvrier terrassier.

III

SES BIENFAITS

Souvenez-vous enfin d'une époque plus rapprochée de vous qui a droit à toute votre reconnaissance. Vous devez à la Révolution française l'**égalité** des droits civils et politiques, dont jouissent vos **parents** dont vous jouirez demain. Car tous les Français sont égaux devant la loi, tous sont également admissibles aux emplois publics. L'abolition des privilèges a délivré la propriété rurale des lourdes charges qui pesaient sur la terre. Le sol, débarrassé des redevances seigneuriales, appartient de plus en plus à celui qui le cultive.

Saluez dans ce grand mouvement de la pensée française l'événement le plus considérable de l'histoire moderne. L'idée de justice sortie de l'Assemblée constituante ne s'est point arrêtée aux frontières de la France. Elle a porté partout, avec le Code civil, le bienfait de **l'égalité.**

EXERCICES

Qu'est-ce que la patrie ? — Gloire et souffrances de la patrie française. — Efforts de tous pour conserver l'unité de la patrie. — Tous les siècles, toutes les classes de la société ont apporté leur pierre à l'œuvre commune.

IV

DEVOIRS ENVERS LA PATRIE ET LA SOCIÉTÉ

Comment n'aimeriez-vous pas une **patrie** où l'on est si heureux de vivre, où vous trouvez tant d'avantages, où chaque **enfant** qui vient au monde, pauvre ou riche, à la campagne ou à la ville, reçoit de la société tous les secours dont il a besoin pour se faire sa place au soleil, **l'instruction,** la **liberté,** l'**égalité** des droits.

Aucune position sociale n'appartient à personne en vertu du privilège de la naissance ou de la fortune. Le plus humble peut y prétendre, s'il est le plus capable ou le plus laborieux.

N'est-ce point aussi quelque chose que le titre de Français, de **citoyen** d'une grande **nation** qui a laissé une trace glorieuse de son histoire dans toutes les parties du monde, depuis le Canada jusqu'à l'Inde et jusqu'à l'Égypte; dont la langue est parlée, dont les livres sont lus chez tous les peuples civilisés ?

Vous avez une raison de plus de l'aimer, cette noble **patrie.** Elle a subi de grands malheurs, elle a perdu deux provinces. Si votre **mère** était malade, vous l'entoureriez de soins et de tendresse. Pensez que la **patrie** est votre seconde **mère,** qu'elle souffre et qu'elle pleure les **enfants** qu'on a arrachés de son sein. **Aimez**-la, mes amis, et n'oubliez jamais les consolations qu'elle attend de vous.

Si vous l'**aimez**, vous **obéirez** sans peine aux **lois** qui sont promulguées en son nom. Quelle que soit votre condition, vous la servirez fidèlement. Elle a besoin du concours de tous ses enfants, même des plus humbles. Ce sont vos bonnes volontés, vos efforts, vos vertus qui lui conserveront sa grandeur et sa force.

Vous lui devez, vous devez à la **société,** dont vous faites déjà partie, d'être dès maintenant des écoliers laborieux, pour devenir un jour des citoyens utiles.

EXERCICES

Bonheur de vivre dans une patrie telle que la France. — On doit l'aimer d'autant plus qu'elle a été malheureuse. — Chacun doit la servir.

Exemple.

Vous n'aurez pas sans doute occasion, mes enfants, de faire à votre âge de grands sacrifices à la patrie. Mais il faut que vous sachiez ce qu'ont fait pour elle d'autres enfants, nés avant vous sur la terre française. S'il le fallait, soyez prêts comme eux à tout souffrir pour la patrie.

Voici ce que raconte un vaillant soldat, le général Fabvier, dans ses récits de la campagne de France en 1814 : « Si, parmi tant de braves gens, j'osais faire une mention particulière, ce serait pour les plus jeunes. Levés et incorporés à la hâte, leur innocence, leur simplicité, amusaient les vieux soldats. Leur habillement consistait en une redingote grise et un petit bonnet qui ressemblait à un bonnet de femme. On les appelait les *Marie-Louise*. Ces enfants manquaient de force et d'instruction; mais chez eux l'honneur remplaçait tout, et leur courage était indomptable. Au cri : En avant, les *Marie-Louise !* on voyait leurs figures se colorer; leurs genoux, affaiblis par la faim et la fatigue, se raidissaient pour marcher à l'ennemi. Quant à ce qu'ils savaient faire, les grenadiers russes peuvent le dire; peut-être se rappellent-ils Champaubert. A cette bataille les *Marie-Louise* du 143e marchaient en tête : des pelotons de tirailleurs furent placés autour du bois pour l'attaquer en même temps, soutenus de deux brigades. Avant le signal, le duc de Raguse parcourut les pelotons de tirailleurs en répétant les ordres; à l'un d'eux il demanda : « Qui commande ici? Y a-t-il un officier? — Non, lui dit un enfant. — Un sous-officier? — Non, mais nous sommes bons là. » Plus loin, un autre lui

dit : « Oh! je tirerais bien mon coup de fusil, seulement je voudrais bien avoir quelqu'un pour le charger. »
Avec de pareilles gens, on pouvait donner le signal :
tout s'élança en même temps, le bois fut enlevé.

« Le corps russe, composé de neuf mille grenadiers,
fut totalement détruit. Le général russe fut pris par un

Un enfant de treize ans amena deux grenadiers.

chasseur de six mois de service. Un enfant de treize ans
amena d'une lieue deux grenadiers. Il avait pour arme
un grand couteau de boucher qu'il brandissait d'un air
tout à fait plaisant. « Ces gaillards-là voulaient bron-
« cher, disait-il, mais je les ai bien fait marcher. »

LIVRE II

La morale élémentaire.

CHAPITRE PREMIER

Devoirs envers soi-même.

L'AME ET LE CORPS

Ce qui attire d'abord l'attention de l'**enfant**, c'est le monde extérieur, ce sont les spectacles qui frappent ses yeux. Puis, après avoir regardé autour de lui, après avoir vu les personnes et les objets qui l'environnent, la **famille**, l'**école**, la **société**, il a besoin de savoir qui il est.

Il se rend tout de suite compte de l'existence de son **corps**. Son **corps**, c'est l'ensemble des différentes parties de lui-même qui voient, qui entendent, qui touchent, qui sentent, qui goûtent. L'exercice naturel des cinq sens lui révèle qu'il a un **corps** où résident des **organes**.

L'existence de l'**âme** est plus difficile à comprendre. Cependant le travail même de l'école suffirait à montrer qu'il y a quelque chose de plus que les **organes** du **corps**. Ce sont bien les mains qui prennent le livre ed classe, ce sont bien les yeux qui lisent les lettres. Mais n'est-ce pas une puissance supérieure qui comprend et qui apprend la leçon ? Si ce sont vos oreilles qui entendent les paroles du maître, c'est l'**âme** qui vous les explique.

Lorsque vous répondez aux questions qu'on vous adresse, vos lèvres articulent des sons ; mais c'est l'**âme** qui avec ces sons compose des mots auxquels elle donne un sens.

Que signifieraient les caractères que vous tracez sur le papier, si l'**âme** ne les disposait avec intelligence ? Un autre exemple vous montre que non seulement vous avez une **âme** et un **corps,** mais que l'une des deux parties dont vous êtes composés peut dominer l'autre. Après une journée où vous avez bien travaillé et bien joué, vos yeux se ferment, vous voudriez vous endormir ; mais le sentiment du devoir vous retient, vous avez une leçon à apprendre, votre **âme** lutte contre le sommeil et oblige le **corps** à obéir.

Votre **âme** sait aussi résister à la douleur que subit votre **corps.** L'**enfant** courageux essaye de ne pas se plaindre et de ne pas crier, lorsqu'il souffre, pour ne pas déchirer le cœur de sa **mère.**

Vous êtes donc composés d'un **corps** et d'une **âme.** Voyons maintenant quels sont les devoirs que vous avez à remplir envers l'un et envers l'autre.

EXERCICES

Comment l'enfant reconnaît-il qu'il a un corps ? — Comment reconnaît-il qu'il a une âme ? — Empire de l'âme sur le corps.

CHAPITRE II

Le corps.

I

PROPRETÉ, SOBRIÉTÉ ET TEMPÉRANCE ; DANGERS DE L'IVRESSE

Si nous voulons que le **corps** soit un serviteur fidèle et obéissant de l'**âme,** nous devons le conserver en bon état ; la santé est une partie de notre force morale ; l'**âme** n'a plus la même vigueur dans un **corps** chétif ou malade.

Si nous voulons nous bien porter, commençons par être propres. La malpropreté est une des principales causes des maladies humaines. Les grandes épidémies se développent surtout dans les maisons mal tenues, dans les quartiers infects ; ceux qui n'ont pas soin de leur **corps** y sont plus exposés que d'autres.

La **propreté** a encore un autre mérite d'un caractère moral ; elle donne bonne opinion de celui qui la pratique ; elle fait supposer chez lui des qualités d'un ordre plus élevé, un certain **respect** de soi-même, une certaine délicatesse, une certaine dignité. Un écolier dont les vêtements seraient fréquemment déchirés ou en désordre ferait moins bonne figure dans une classe qu'un **enfant** dont la tenue serait généralement propre et soignée.

Être **sobre,** c'est donner à notre **corps** le nécessaire, sans jamais aller jusqu'à l'abus dans la nourriture et dans la boisson. Des personnes délicates peuvent prolonger leur vie par la **sobriété** et par la régularité, tandis que les plus fortes constitutions peuvent être abrégées par les excès.

La **tempérance** nous préserve des défauts les plus humiliants, de la gourmandise, de l'ivrognerie; elle fait mieux encore, elle nous habitue à régler nos sentiments; elle nous permet de conserver des forces morales et intellectuelles qu'affaiblissent les **passions.**

Parmi les **passions** dont vous avez malheureusement sous les yeux, mes enfants, le spectacle trop fréquent, l'**ivresse** est la plus dégradante. Lorsque vous rencontrez un ivrogne, gravez dans votre mémoire le souvenir de ce que vous lui voyez faire, de ce que vous lui entendez dire, et promettez-vous de ne jamais lui ressembler. Que lui reste-t-il de l'homme? Il prononce des paroles sans suite, il marche en chancelant, il se retient au mur pour ne pas tomber, quelquefois même il roule dans la boue, et y reste étendu sans pouvoir se retirer. Ce n'est plus un être humain, c'est un **corps** engourdi que l'**âme** ne gouverne plus.

Le malheureux que vous voyez étendu sans mouvement, à demi mort, a peut-être une **femme,** des **enfants** qui meurent de faim en l'attendant à la maison. Il a bu au cabaret le salaire de plusieurs jours de travail et si, à son retour, on lui demande du pain, il répond par des coups aux lamentations des siens.

Une fois sur cette pente, il est presque toujours perdu. Vous verrez peu à peu ses traits se contracter, sa démarche s'alourdir, son intelligence s'obscurcir, ses meilleures qualités d'ouvrier disparaître, jusqu'au jour où une maladie terrible le clouera sur un lit de douleur.

Si jamais vous étiez tentés, rappelez-vous ce visage hébété, ces paroles décousues, ce corps chancelant ou inanimé, ces vêtements souillés de boue, songez aux conséquences terribles d'une première faute, et vous serez sauvés.

Les habitants de Sparte avaient raison de montrer à leurs enfants des esclaves ivres. Rien n'est plus propre à dégoûter de l'ivresse que la vue de l'ivresse.

EXERCICES.

Obligation de soigner notre corps. — Quels sont les avantages de la propreté ? — Avantages de la sobriété et de la tempérance. — Dégoût que doit inspirer l'ivresse.

Exemples:

I

Un philosophe ancien, Épictète, recommandait en ces termes la propreté : « Quoi ! l'ouvrier qui travaille nettoie ses outils ; toi-même, quand tu veux manger, tu laves ton plat de bois, à moins d'être complètement sale et malpropre, et tu ne laverais pas ton propre corps !, — Pourquoi le ferais-je ? dis-tu. — D'abord pour te conduire en homme, par dignité personnelle, puis pour ne pas rebuter par ta malpropreté ceux qui se trouvent avec toi. »

II

Franklin, un des plus illustres citoyens de la grande république américaine avait commencé par être ouvrier imprimeur. Sa sobriété était extrême. Il nous raconte lui-même comment il vivait à Londres dans l'imprimerie où il travaillait : « Je ne buvais que de l'eau ; les autres ouvriers, au nombre d'environ cinquante, étaient de grands buveurs de bière. Je portais par occasion un fort casier de chaque main, en montant et en descendant les escaliers, tandis que les autres employaient les deux mains pour en porter un seul. Ils étaient surpris de voir, par cet exemple et par quelques autres, que l'Américain *aquatique*, ainsi qu'ils avaient coutume de m'appeler,

Ils étaient surpris de voir l'Américain *aquatique* plus vigoureux que ceux qui buvaient de la bière.

était plus vigoureux que ceux qui buvaient de la bière. Le garçon brasseur était suffisamment occupé pendant la journée entière à servir notre maison. Mon compagnon buvait chaque jour une pinte de bière avant son déjeuner; une pinte, avec du pain et du fromage, pour son déjeuner; une entre le déjeuner et le dîner, une à dîner, une autre vers six heures du soir, et une après son travail. Cette habitude me paraissait détestable; mais il avait besoin, disait-il, de tout ce breuvage, afin d'acquérir la force de travailler. »

3.

Beaucoup de ces buveurs de bière qui travaillaient avec Franklin moururent jeunes. Quant à lui, au contraire, sa sobriété le fortifia. Il mourut à l'âge de quatre-vingts ans, presque sans infirmités.

II

LA GYMNASTIQUE

Les exercices du **corps** tenaient une grande place dans la vie des anciens. Les **soldats** romains, entraînés par une préparation savante, endurcis de bonne heure à la fatigue, en arrivaient à accomplir de longues marches en portant un poids de soixante livres. Au cours ou dans les intervalles de leurs campagnes, ils entreprenaient d'immenses travaux dont quelques-uns durent encore. Les grandes routes de l'Italie, de la Gaule, de l'Afrique, ont été tracées et creusées par eux.

Sans prétendre à faire d'aussi grandes choses, on ne peut être un bon **soldat** qu'à la condition de posséder la force et l'agilité du **corps.** Lorsque la Prusse a voulu créer une **armée** essentiellement nationale, appeler tout le monde sous les drapeaux, elle a trouvé dans les sociétés de **gymnastique** ses meilleurs auxiliaires. Ce sont les sociétés de **gymnastique** qui lui ont préparé des générations de jeunes gens rompus à la fatigue, confiants dans leurs forces, habitués à se rencontrer dans des réunions où se développait, en même temps que l'énergie physique, l'ardeur du patriotisme.

Préparons aussi de futurs **soldats** pour notre pays. Chacun doit à la France le service militaire. Les **en-**

fants robustes et agiles commencent déjà de loin l'apprentissage de la vie du régiment.

Le gouvernement de la République l'a bien compris. Il encourage les communes à élever un portique dans le préau de la maison **d'école.** Lorsqu'elles ont fait ce premier sacrifice, il leur accorde des agrès de

La gymnastique à l'école.

gymnastique, dans la mesure où ses ressources le lui permettent.

On trouvera presque partout d'anciens militaires qui se chargeront d'instruire les enfants. Au besoin le maître lui-même, s'il est jeune et s'il a le goût des exercices du **corps,** pourra se charger de cette besogne.

Voilà une tâche, mes enfants, qui n'a rien de pénible, et qui ressemble à une récréation plus qu'à un travail. Quand vous êtes restés assis trop longtemps, vous avez quelquefois des démangeaisons dans les jambes. La

gymnastique les dégourdira. Elle vous apprendra à régler, à discipliner vos mouvements.

Elle vous réserve des surprises qui vous feront plaisir. Vous verrez que dans les exercices du **corps** il n'est pas toujours nécessaire de déployer toute sa force, et qu'on peut obtenir un bon résultat avec un petit effort bien combiné. Il y aura une lutte amusante entre les plus forts et les plus agiles. Les plus forts n'y triompheront qu'à la condition de se surveiller et de s'assouplir.

EXERCICES

Les exercices du corps chez les Romains. — Services qu'ont rendus à l'armée prussienne les sociétés de gymnastique. — La force et l'agilité nécessaires au soldat. — Les déve-lopper chez l'enfant pour le préparer à la vie de régiment. — Avantages et agrément de la gymnastique.

III

LES BIENS EXTÉRIEURS

Économie. — Conseils de Franklin.

Vous ne possédez pas grand'chose, mes enfants. Tout ce que vous avez, vous le tenez de vos parents. On peut cependant reconnaître si vous montrez des dispositions à l'**économie**. L'**enfant** économe pense que ses **parents** ont des charges, qu'ils l'habillent et le nourrissent, lui, ses **frères** et ses **sœurs**. Il a deviné qu'on s'imposait souvent des privations au logis pour qu'il ne manquât de rien.

La première conséquence de ces petites réflexions intérieures, c'est de lui inspirer le désir de ménager ses vêtements, ses livres, ses cahiers de classe, Il sait qu'il faudrait en acheter d'autres et qu'au moment où il en aurait besoin, il n'y aurait peut-être plus d'argent à la maison. Il ne témoigne non plus aucune exigence pour la nourriture, il mange de bon appétit ce qu'on lui donne ; s'il n'a que du pain et des pommes de terre, c'est que ses **parents** n'ont pas autre chose à lui donner. Il s'estime encore bien heureux. Il y a peut-être des **enfants** dans le monde qui n'ont rien à manger.

L'enfant économe est aussi celui qui ne dépense pas sans réflexion les petites sommes dont ses **parents** se privent pour lui faire un cadeau, un jour de fête, ou pour le récompenser d'avoir bien travaillé, « Un sou est un sou », répondait une **mère** de famille à un de ses **fils** qui lui demandait une bagatelle, en ajoutant : « Cela ne coûte qu'un sou. » La pauvre femme savait qu'un sou est quelque chose qui se gagne par le travail ; elle voulait apprendre à son **enfant** à ne pas gaspiller ce que ses **parents** avaient eu de la peine à gagner.

« Un homme qui ne sait pas épargner à mesure qu'il gagne, disait Franklin, mourra sans laisser un sou, même après avoir passé toute sa vie le nez collé sur son ouvrage. Si vous voulez être riche, songez à ménager ce que vous gagnez. Souvenez-vous que beaucoup de petites choses font une masse considérable. Prenez garde aux menues dépenses ! Une fente dans la cale d'un vaisseau fait une voie d'eau, et cette voie d'eau fait sombrer un navire. »

EXERCICES

Comment l'idée de l'économie peut-elle venu à l'enfant ? — A quoi reconnaît-on qu'un enfant est économe ? — Quels sont les avantages de l'économie ?

IV

ÉVITER LES DETTES

Celui qui se laisse aller trop facilement aux petites dépenses risque de s'accoutumer à la **prodigalité.** La **prodigalité,** à son tour, peut vous entraîner à faire des **dettes.** Il n'y a rien de plus dangereux. « Celui qui va faire un emprunt, dit Franklin, va chercher une mortification. » Les Latins appelaient énergiquement les **dettes** « l'argent des autres ». Ils avaient raison. Si vous empruntez, vous vous mettez nécessairement dans la dépendance d'autrui. Savez-vous d'ailleurs si vous pourrez payer au terme fixé? Personne ne le sait jamais à coup sûr. Un accident, une maladie peuvent emporter les ressources sur lesquelles vous comptiez. Que ferez-vous alors? Irez-vous frapper à une autre porte et remplacer une première **dette** par une seconde? Essayerez-vous d'exciter la pitié de votre créancier ou de le tromper par quelque mensonge?

Prenez-y bien garde, mes enfants. Lorsque vous verrez un objet qui ne sera pas en rapport avec vos ressources, avec l'état de votre bourse, ne vous laissez pas tenter. Résistez à la tentation. Vous prendrez ainsi l'habitude de modérer vos désirs; plus tard il ne vous viendra même plus à l'esprit d'acheter ce que vous ne pourriez payer. Vous vous épargnerez par là bien des humiliations et bien des regrets.

EXERCICES

Qu'est-ce qu'une dette? — Quels sont les embarras que causent les dettes? — Avantages de la modération dans les désirs.

V

FUNESTES EFFETS DE LA PASSION DU JEU

Le **jeu** est un délassement, un repos nécessaire à l'enfant après le **travail.** Rien de plus sain que les **jeux** qui exercent le **corps,** dans lesquels se déploient l'agilité et l'adresse. D'excellents écoliers sont de première force aux barres, à la balle, à la cachette,

La mère de famille va chercher le joueur attardé dans un cabaret.

au cheval fondu. Ils se détendent l'esprit en jouant et, le **jeu** fini, retournent de meilleur cœur encore aux études.

Mais que le **jeu** n'empiète jamais sur les heures de classe! Surtout qu'il ne devienne pas une passion!

La dissipation prolongée deviendrait chez **l'enfant**

une habitude qu'il serait très difficile de déraciner chez l'**homme**. Celui-ci ne s'appliquerait plus au **travail** avec l'énergie nécessaire, et il chercherait dans de nouveaux amusements la distraction dont il aurait contracté le besoin.

Et ce ne seraient plus, hélas ! les **jeux** inoffensifs de l'enfance. Les **jeux** qui attirent l'homme fait, les **jeux** de cartes et de hasard, lui font perdre à la fois son temps et son argent. Les **mères** de famille en savent malheureusement quelque chose. Que de fois elles attendent le joueur attardé dans un cabaret ! Elles passent de longues heures d'angoisse, espérant toujours qu'il va revenir ; puis elles se décident à aller le chercher, elles le ramènent non sans peine, irrité, mécontent de lui-même et s'en prenant aux autres, les poches vides, calculant ce qu'il aurait pu gagner et maudissant la mauvaise chance qui le poursuit.

Si par hasard il gagne, il n'en est pas plus riche. L'argent du gain ne rentre guère au logis ; on le dépense avec les camarades auprès desquels il faut bien faire le généreux pour les consoler de leurs pertes.

Pendant ce temps, le travail de la terre ou celui de l'atelier chôme ; le joueur s'enfonce de plus en plus dans ses habitudes de paresse et de plaisir ; il ne sait plus, il ne peut plus travailler et il marche rapidement à sa ruine.

EXERCICES

Quels sont les bons résultats du jeu pour l'enfant ? — Quels en sont les dangers ? — Quel est l'avenir de l'enfant qui aurait la passion du jeu ? — Que devient le joueur ?

VI

L'AMOUR DU GAIN ET L'AVARICE

L'amour d'un **gain** honnête est parfaitement légitime. Quoi de plus respectable que les efforts d'un **père** de famille pour élever les siens, pour s'assurer à lui-même et à ses **enfants** une aisance honorable? Le désir d'augmenter son avoir pour accroître le bien-être de la **famille** est le principe le plus fécond du **travail,** le stimulant le plus énergique de l'**économie.** Que de braves gens travaillent jusqu'à la dernière limite de leurs forces et s'imposent de pénibles privations avec l'espoir qu'ils laisseront à leurs **enfants** un patrimoine suffisant pour les preserver de la pauvreté ! Seulement il ne faut point que cet amour du **gain** dégénère en **passion.** Il y a de la folie à chercher indéfiniment à s'enrichir quand on possède au delà de ses besoins. Surtout ne cherchons pas à grossir notre fortune à tout prix. N'acceptons aucun moyen de nous enrichir qui soit contraire à la **probité** ou à la **délicatesse.** Rappelons-nous qu'un **gain** mal acquis porte malheur.

En cela, comme en toute chose, la **modération** de nos désirs et de nos besoins sera notre meilleure sauvegarde. Moins nous aurons de besoins, moins nous serons accessibles à la tentation des **gains** excessifs ou malhonnêtes. Défions-nous donc de l'exagération de nos appétits, comme d'un piège qui serait tendu à notre tranquillité et à notre honnêteté.

Défions-nous aussi de l'**avarice,** du désir d'amasser de l'argent pour le seul plaisir de le contempler et d'être riches. Ne confondons pas, comme on le fait quelquefois, **l'économie** avec **l'avarice.** L'homme **économe** et l'homme **avare** savent, il est vrai, s'imposer l'un et l'autre des privations. Mais cette ressemblance n'est qu'apparente.

L'avare accumule pour accumuler et vit misérablement au milieu du superflu ; l'homme **économe** ne se refuse rien du nécessaire et se promet des plaisirs à

peu de frais. **L'avare** fait de l'argent une idole ; l'**économe** s'en sert comme d'un simple instrument. **L'avare** n'est jamais satisfait, il entasse comme s'il devait vivre plusieurs siècles ; les privations et les soucis qu'il s'impose profitent à ses héritiers, non à lui. Il a végété toute sa vie pour qu'un fils ou un neveu vive dans le luxe. L'homme **économe** sait jouir, au contraire, du modeste bien-être qu'il doit à son industrie et à sa patience.

La grande fortune ne préserve pas toujours de l'**ava-**

rice ou de la **parcimonie** qui lésine sur des bagatelles. Le cardinal Chigi se vantait de s'être servi de la même plume pendant deux ans. Le duc de Marlborough, au sortir d'une conférence avec le prince Eugène, la veille d'une grande bataille, grondait son domestique d'avoir allumé quatre flambeaux sur la table du conseil. « Je gagerais, dit Swift, qu'il n'a jamais perdu ses bagages. »

Frédéric II, traversant au galop un champ de bataille, vit tomber de cheval son neveu et son héritier présomptif, qu'il crut mort. Il s'écria aussitôt, sans interrompre sa course : « Ah ! voilà le prince royal tué ; qu'on prenne soin de son cheval et de sa bride ! »

Mes chers enfants, si, par une **économie** bien entendue, vous ne voulez jamais dépenser un sou inutilement, vous vous garderez bien aussi d'amasser un petit trésor pour avoir le plaisir stérile de le compter, de le regarder, de l'augmenter. Je suis sûr que vous ne résisteriez pas à la tentation de mettre la main à la poche et de faire une brèche à vos **économies**, le jour où vous verriez des malheureux sans pain et demi nus invoquer votre pitié.

EXERCICES

Dans quelles limites l'amour du gain est-il non seulement légitime, mais recommandable? — Nécessité de ne songer qu'à des gains honnêtes. — Modération dans les désirs. — Différence entre l'économie et l'avarice. — Répugnance que doit inspirer l'avarice. — Traits de parcimonie et d'avarice.

VII

LE TRAVAIL

Ne pas perdre de temps.

Les Anglais ont un proverbe bien connu pour indiquer l'importance du **temps**; ils disent que le **temps** est de l'**argent**. Celui qui ne le gaspille pas, qui sait bien l'employer et distribuer régulièrement son travail a, en effet, plus de chance que le paresseux d'augmenter son avoir.

Il y a cependant quelque chose de trop matériel dans la comparaison des Anglais. Le **temps** représente plus que de l'**argent**; il représente l'étoffe même de la vie humaine, le tissu de nos actions, ce qui fera de nous un homme sérieux ou un homme frivole. En perdant notre **temps** nous ne perdons pas seulement ce que nous pourrions gagner, nous usons en détail les forces de notre âme et de notre esprit. En l'employant mieux, nous pourrions devenir meilleurs et plus instruits.

Cela ne veut pas dire qu'il soit possible à l'homme de travailler sans relâche. La nature exige, au contraire, que nous nous reposions à des intervalles réguliers. La loi naturelle elle-même coupe notre vie en deux par le sommeil et fait succéder à une période d'**activité** une période de **repos**.

Mais se reposer n'est pas perdre son **temps**. Celui qui se repose répare ses pertes et reprend des forces pour un **travail** nouveau. Le temps se perd lorsqu'on le laisse couler avec insouciance, avec indifférence, sans chercher à en tirer profit pour quelque œuvre utile à soi ou aux autres.

Si à la fin d'une journée on cherche avec sincérité à se rendre compte de ce qu'on a fait ou de ce qu'on a dit, on comprendra sans peine en quoi consiste le bon ou le mauvais emploi du **temps**. Les bavardages, les paroles inutiles, les heures qu'on a traînées dans l'oisiveté représentent une perte sèche, sans aucune compensation.

« Si le **temps** est la plus précieuse de toutes les choses, disait Franklin, prodiguer le **temps** doit être la plus grande des prodigalités, puisque le **temps** perdu ne se retrouve jamais et que ce que nous appelons assez de **temps** se trouve toujours fort peu de **temps**. Agissons donc pendant que nous le pouvons et agissons à propos. Avec de l'assiduité nous ferons beaucoup plus sans nous donner autant de peine. La **paresse** rend tout difficile et le **travail** rend tout aisé. Si nous sommes laborieux nous ne mourrons jamais de faim.

« Tandis que les fainéants dorment, labourez votre champ : vous recueillerez du blé, et pour votre consommation et pour en vendre au marché. Labourez aujourd'hui, car vous ne savez pas combien vous pourrez en être empêché demain. »

EXERCICES

Celui qui perd son temps perd son argent ; mais ne perd il pas autre chose encore ? — Quelle différence y a-t-il entre le repos et la perte du temps ?

VIII

OBLIGATION DU TRAVAIL POUR TOUS LES HOMMES

Le **travail** est imposé à l'**homme** par les conditions mêmes de son existence. Comment l'**homme** aurait-il pu se nourrir, se loger, se vêtir, s'il n'avait conquis tous ces biens à force de travail?

Aujourd'hui encore, la **société** ne se soutient que par l'effort commun de tous les travailleurs. Ceux qui travaillent de la pensée et ceux qui travaillent de la main lui sont également nécessaires. Le bras qui exécute est dirigé par la pensée qui conçoit.

Votre **maître**, mes enfants, dont la tête travaille pour vous instruire, ne rend pas moins de services que le **journalier** qui pioche la terre. L'**architecte** qui trace le plan d'une maison n'est pas moins utile que le **maçon** qui la construit.

Chacun doit contribuer pour sa part à l'œuvre commune. L'expression ordinaire « gagner sa vie » veut dire sans doute que la vie n'est pas un droit absolu, un bien dont on mérite de jouir sans l'acheter par le travail. « Celui qui ne veut pas travailler, disait l'apôtre saint Paul, ne doit pas manger. » « Il est évident, disait Socrate, que celui qui ne sait pas de métier, et qui ne veut point cultiver la terre, a l'intention de vivre de vol, de brigandage ou d'aumônes. »

Les seules personnes qui ne méritent aucun intérêt dans la **société** sont celles qui profitent, pour ne rien faire, de l'aisance acquise par leurs parents. Elles sont heureusement rares dans un pays tel que la France, où la fortune est très divisée; elles le sont beaucoup plus encore qu'on ne le croit. Certaines gens que l'on considère comme des **oisifs** contribuent néanmoins à l'activité sociale, quand ce ne serait que par l'administration réfléchie et intelligente de leur fortune.

Si dans une **démocratie** on fait peu de cas de ceux qui passent leur vie à se croiser les bras, il n'y a rien de plus respectable que la condition d'un **ouvrier** honnête, rangé, laborieux. La valeur des hommes se mesure, non au rang qu'ils occupent dans le monde, mais aux qualités dont ils font preuve dans leur profession. Un **artisan** habile et loyal vaut mieux qu'un **négociant** malhonnête, qu'un **fonctionnaire** incapable, qu'un **avocat** sans conscience.

Un bourgeois de Paris, qui a bien connu et beaucoup aimé les travailleurs, disait un jour : « J'ai eu sous les yeux de véritables **ouvriers.** Ils étaient sobres, assidus, infatigables. Quelque moment qu'on choisît, on les voyait à leur poste. Leur atelier était en pleine activité dès le point du jour, et quelquefois bien avant dans la nuit. Je les contemplais avec un sentiment d'estime, de respect et d'émulation. Je me reprochais de ne pas faire un aussi bon emploi de la vie, et de consacrer moins de temps à l'étude que ces braves gens n'en donnaient aux labeurs de leur profession. Un tel spectacle me semblait consolant, parmi tant d'autres bien faits pour attrister nos regards dans les quartiers populeux des villes industrielles. »

L'ouvrier a le droit d'être justement fier des heureux résultats de son travail. C'est lui qui prépare la terre et qui lui fait porter ces belles moissons dorées que vous admirez en été. C'est lui qui construit les maisons élégantes, qui façonne les meubles et les mille objets de luxe que vous admirez à la ville. Les merveilleuses machines des chemins de fer, des usines, des bateaux à vapeur, sont l'œuvre de ses mains.

Chaque fois qu'il regarde une pierre bien taillée, un morceau de bois ou de fer bien travaillé, il peut se dire avec orgueil : Voilà l'ouvrage que mes camarades et moi nous avons fait. Sans nous l'homme vivrait misérable, il ne connaîtrait aucune des jouissances du bien-être. C'est nous qui le nourrissons, qui lui bâtissons et lui décorons des habitations, nous qui lui préparons ses vêtements et lui fabriquons tous les ustensiles dont il se sert, depuis les plus simples jusqu'aux plus élégants.

Habituons-nous de bonne heure, mes chers enfants. à ne posséder et à ne regarder aucun objet, sans penser aux longues heures de travail qu'il représente, à la peine que se sont donnée des hommes semblables à nous, pour nous procurer le nécessaire et souvent le superflu.

Ne sentons-nous pas tous qu'un bon **fermier**, un bon **maçon**, un bon **menuisier**, un bon **serrurier**, rendent plus de services et méritent plus de considération qu'un fils de famille qui, après avoir fait des études et conquis un diplôme de **bachelier**, se croit quitte envers la **société** et se repose de ce grand effort jusqu'à la fin de ses jours ?

Si les **oisifs** méritent peu d'estime, ils sont en même temps bien à plaindre. Ils ignorent une des plus grandes joies de la vie, le plaisir d'agir, de commencer et de terminer une œuvre. Le **travail** nous récompense largement de la peine qu'il nous donne par la satisfaction qu'il nous procure, par le sentiment de la difficulté vaincue, du bien-être conquis, de la dignité humaine relevée. L'homme qui travaille est content de lui. La vie lui paraît plus légère à cause du bon emploi qu'il en fait, et le repos plus doux parce qu'il l'a bien gagné.

<h2 style="text-align:center">EXERCICES</h2>

Quelle aurait été l'existence de l'homme s'il n'avait pas travaillé? — Services que rendent à la société tous ceux qui travaillent. — Importance du travail manuel. — Fierté que doit éprouver un bon ouvrier en présence de son œuvre. — Considération qu'il mérite et qu'il obtient. — Joies du travail.

Exemples.

I

Du temps des anciens Romains, un cultivateur, nommé Caïus Furius Crésinus, retirait d'un très petit fonds de

Voilà, dit-il, mes sortilèges!

terre des récoltes beaucoup plus belles que ses voisins n'en retiraient de leurs grands domaines. Jaloux de lui, ils l'accusèrent d'employer des sortilèges pour attirer dans son champ les moissons d'autrui. Cité devant le peuple et menacé d'une condamnation, Crésinus amena au tribunal tout son attirail de laboureur, ses serviteurs robustes, bien nourris, bien vêtus, ses outils parfaitement faits, de lourds hoyaux, des socs pesants, des bœufs gras et luisants : « Voilà, dit-il, mes sortilèges ; je ne puis vous montrer en même temps ni amener devant vous mes veilles, mes fatigues, mes sueurs. » Il fut absous par une sentence unanime.

II

LE LABOUREUR ET SES ENFANTS

Travaillez, prenez de la peine :
C'est le fonds qui manque le moins.
Un riche laboureur, sentant sa mort prochaine,
Fit venir ses enfants, leur parla sans témoins.
« Gardez-vous, leur dit-il, de vendre l'héritage
Que vous ont laissé vos parents :
Un trésor est caché dedans.
Je ne sais pas l'endroit, mais un peu de courage
Vous le fera trouver ; vous en viendrez à bout !
Remuez votre champ dès qu'on aura fait l'oût [1].
Creusez, fouillez, bêchez ; ne laissez nulle place
Où la main ne passe et repasse. »
Le père mort, les fils vous retournent le champ,
De çà, de là, partout ; si bien qu'au bout de l'an
Il en rapporta davantage.
D'argent, point de caché. Mais le père fut sage
De leur montrer, avant sa mort,
Que le travail est un trésor.

(LA FONTAINE, Fables.)

1. L'oût, vieux mot dont on se sert encore dans quelques provinces pour dire moisson, parce qu'elle se fait dans le mois d'août.

CHAPITRE III
L'âme.

I

LIBERTÉ, RESPONSABILITÉ

Nous avons montré que l'**homme** est composé d'une **âme** et d'un **corps,** que par le **corps** nous nous rapprochons de l'animal et que l'**âme** représente une puissance supérieure unie au **corps,** mais capable au besoin de le dominer et de le gouverner.

L'âme se distingue du **corps** d'abord parce que nous ne pouvons nous la représenter sous aucune forme matérielle. Elle n'a ni étendue ni figure. Nos yeux ne la voient point, nos mains ne peuvent la toucher, aucun de nos sens ne peut la saisir. De plus, elle a des opérations qui lui sont propres; elle sait ce qu'elle fait, elle sent, elle pense, elle veut. Donnez-vous la peine de réfléchir un instant, mes enfants, et vous reconnaîtrez qu'il y a en vous une faculté de vous gouverner et de vous conduire qui tient à l'existence et à la nature de votre **âme.** Tout ce que vous faites, vous pourriez ne pas le faire ou le faire autrement.

Le morceau de pain que vous tenez à la main en allant le matin à l'**école,** vous pouvez à votre gré n'y pas toucher, n'en manger qu'une partie, ou le manger tout entier. Le chemin qui vous conduit à l'**école,** vous pouvez le suivre ou le quitter. La parole de l'instituteur, vous pouvez l'écouter avec attention ou d'une oreille distraite. La page d'écriture commencée, il dépend de vous de la terminer avec soin ou avec négligence.

En un mot, vous êtes **libres**. Vous faites à chaque instant l'épreuve de votre **liberté**. Vous pourriez, si vous le vouliez, donner plus de satisfaction à vos **parents,** leur **obéir** avec plus de docilité, mieux apprendre vos leçons, soigner davantage vos devoirs.

Cette **liberté** dont vous avez le sentiment entraîne pour vous ce qu'on appelle la **responsabilité.** Si vous faites ce que vous ne devez pas faire, on aura le droit de s'en prendre à vous, de vous accuser et de vous punir. Car vous êtes forcés de reconnaître que vous auriez pu faire autrement.

De là résulte pour vous une série d'obligations morales que nous allons étudier dans les chapitres suivants. Ces obligations tiennent à votre qualité **d'homme,** au rôle prépondérant que joue **l'âme** dans la nature humaine. **L'âme** fait de vous une personne morale qui a conscience de certains devoirs à remplir et qui, par cela même, est tenue de les remplir.

Aussitôt que vous avez appris à distinguer entre le bien et le mal, il ne vous est plus permis de choisir le mal. Vous devenez coupables si vous le choisissez, car il dépend de vous de choisir le bien.

Voyons donc ensemble quelles sont les règles que la morale vous impose et qui sont les mêmes pour tous, pour les pauvres comme pour les riches, pour les ignorants comme pour les gens instruits, dans tous les pays comme dans tous les temps.

EXERCICES

Comment distinguez-vous l'âme du corps? — Comment reconnaissez-vous que vous êtes libres de faire le bien ou le mal et par conséquent responsables? — Conscience morale; obligations morales.

II

VÉRACITÉ ET SINCÉRITÉ : NE JAMAIS MENTIR

Nous exprimons notre pensée par des signes et plus souvent par des paroles. Quelle est notre première obligation morale envers ceux à qui nous parlons? C'est de ne pas les tromper. On éprouve naturellement un sentiment d'aversion, de répulsion pour celui qui ne dit pas la vérité, pour le **menteur.**

L'enfant qui **ment** pour cacher ses fautes sait bien qu'il commet une mauvaise action; ce qu'il fait, il le blâmerait chez un autre.

En même temps qu'il est averti par sa conscience, il reçoit un autre avertissement plus dur encore : celui du mépris qu'il inspire à ceux qui l'entendent **mentir,** à ses camarades et à ses maîtres.

S'il croit avoir fait un bon calcul en ne disant pas la vérité, il se trompe. Il s'aperçoit bien vite qu'il aggrave sa faute en essayant de la dissimuler. Son maître le punira plus sévèrement pour le **mensonge** lui-même que pour la faute commise. Et personne ne le plaindra. Chacun dira : C'est bien fait, il n'a que ce qu'il mérite.

A l'**école**, comme dans la vie, le **sournois**, celui qui regarde en dessous, qui ne répond pas franchement aux questions qu'on lui adresse, sera toujours un triste personnage; ni l'estime ni l'affection n'iront à lui.

Quoi de plus séduisant, au contraire, qu'une figure ouverte, des yeux qui regardent bien en face, des allures franches et cordiales? On peut assurément être **sincère** et commettre des fautes; la **sincérité** ne préserve pas l'écolier de la dissipation, de la paresse, de la turbulence. Il y a des **enfants** très **sincères** qui désobéissent à leurs parents et qui font enrager leurs maîtres. Mais la franchise est une qualité si aimable que l'enfant qui convient de ses torts et qui s'accuse lui-même de bonne grâce désarme souvent la sévérité. On a envie de lui pardonner quelque chose. On se sent pour lui autant d'indulgence que le menteur inspire d'aversion.

Dites toujours la vérité, mes enfants ; cette habitude contractée de bonne heure vous suivra toute votre vie et vous mettra en paix avec votre conscience. Vous y gagnerez en même temps l'estime de tout le monde. Vous marcherez entourés de confiance, de sympathie, d'affection. Vous lirez dans tous les regards la bonne opinion qu'on aura de vous.

Sachez bien qu'il n'y a pas pour un honnête homme de plus grande jouissance que d'entendre dire : Sa parole suffit, sa parole vaut un écrit. Celui auquel on peut rendre ce témoignage reçoit de l'estime publique la plus douce des récompenses.

EXERCICES

Quel est notre devoir envers ceux à qui nous parlons ? — A quoi s'expose l'enfant menteur ? — Avantages de la franchise. — Bonne renommée de l'homme qui dit toujours la vérité.

Exemple.

Washington, le fondateur de l'indépendance des États-Unis, le premier président de la République américaine fut renommé toute sa vie pour sa sincérité. Il n'avait

que sept ou huit ans lorsqu'on lui fit cadeau d'une petite hache. Il n'eut rien de plus pressé que de l'essayer
sur les arbres du jardin. Son père, voyant le dégât

L'enfant eut une grande frayeur, il ne voulut cependant point mentir.

commis, demanda avec colère quel était le coupable.
L'enfant eut une grande frayeur; il ne voulut cependant
point mentir et il avoua sa faute. Son père lui par-
donna en faveur de sa véracité.

III

DIGNITÉ PERSONNELLE. — RESPECT DE SOI-MÊME

Puisque **l'homme** est une **personne morale**
libre, capable de choisir entre le bien et le mal, par
conséquent responsable de ses actions, il occupe dans

la nature une place particulière. Si son **corps** le rapproche des animaux, son **âme** doit lui inspirer le sentiment d'une **dignité** personnelle qu'il n'a pas le droit d'abdiquer. . .

Il doit estimer en lui et dans les autres hommes la noblesse de ces dispositions morales qui donnent tout leur prix à sa manière d'agir.

De même qu'il ne cherche pas à asservir les autres, il n'asservit à personne une créature telle que lui, libre et raisonnable.

Il s'attache, par respect pour lui-même, à tout ce qui peut le rendre meilleur et plus instruit.

Il repousse ce qui l'abaisserait à ses propres yeux.

Tous les efforts que vous ferez, mes enfants, pour satisfaire vos **parents** et vos **maîtres**, l'énergie que vous montrerez dans le travail, la fermeté avec laquelle vous supporterez les petits chagrins ou les douleurs de votre âge, prouveront que vous vous respectez vous-mêmes.

Vous ne flatterez personne, vous ne mendierez auprès de personne : ce serait méconnaître la **dignité** de votre nature. Quelle que soit la condition sociale de vos **parents**, fussent-ils pauvres et misérables, vous avez le devoir de vous respecter vous-mêmes et le droit de vous faire respecter.

L'enfant qui voudrait toujours obtenir quelque chose de ses **parents** ou de ses **maîtres**, qui cherche à se soustraire à la règle commune, qui se lamente à la moindre contrariété ou à la moindre souffrance, fait le contraire de ce qu'il doit. La **dignité** consiste pour lui à ne réclamer aucune faveur, à savoir au besoin se donner de la peine, souffrir même, s'il le faut, sans se plaindre. On lui dit alors qu'il est un **homme**. C'est le compliment le plus sérieux qu'on puisse lui faire.

EXERCICES

La dignité personnelle est une conséquence de la liberté et de la responsabilité humaine. — En quoi consiste le respect de soi même ? —

Comment l'enfant doit il agir pour qu'on reconnaisse déjà en lui les qualités d'un homme ?

Exemple.

Les enfants sont très capables d'éprouver le sentiment de la dignité personnelle. C'est par ce ressort

Fénelon et son élève, le duc de Bourgogne.

que Fénelon gouvernait son impétueux élève, le duc de Bourgogne.

Lorsque celui-ci s'était livré à un de ces emportements furieux qui étaient dans son caractère, Fénelon lui faisait jurer sur l'honneur de se mieux observer dans l'avenir. Voici un engagement écrit et signé par ce petit prince de sept ans :

« Engagement d'honneur. Je promets, foi de prince, à monsieur l'abbé de Fénelon de faire sur-le-champ ce qu'il m'ordonnera, et de lui obéir dans le moment qu'il me défendra quelque chose. Si j'y manque, je me soumets à toutes sortes de punitions et de déshonneur. »

Ce principe, pris en soi, est parfaitement à sa place dans l'éducation publique. « Les enfants, dit Rollin, aiment à être traités en gens raisonnables dès l'âge le plus tendre. Il faut entretenir en eux cette bonne opinion et ce sentiment d'honneur dont ils se piquent et s'en servir, autant que possible, comme d'un moyen universel pour les amener où l'on veut. »

IV

MODESTIE. — NE PAS S'AVEUGLER SUR SES DÉFAUTS

La **dignité** personnelle n'exclut pas la **modestie**. Si l'une nous apprend à ne point nous abaisser et nous amoindrir nous-mêmes, l'autre nous empêche de nous exagérer notre valeur.

L'homme modeste sait quelquefois ce qu'il vaut, mais il connaît surtout ce qui lui manque.

Il se juge en se comparant à ceux qui lui sont supérieurs, qui ont plus de qualités ou plus de talents. Il pense aussi à ce qu'il aurait pu faire peut-être avec plus d'efforts et plus de courage. Il sent les limites de ses connaissances et les lacunes de son caractère.

Lors même que la **modestie** ne serait pas une vertu, elle serait une preuve de bon goût. Il n'y a que les ignorants ou les sots qui s'aveuglent sur leurs défauts et qui se vantent de leurs qualités.

La **modestie** nous impose un double devoir : celui de ne pas humilier les autres en nous attribuant sur eux des avantages que nous ne possédons pas et celui de ne pas nous tromper nous-mêmes sur notre propre valeur.

Ne vous **vantez** jamais, mes enfants, et ne soyez pas trop fiers des succès que vous pourriez obtenir dans vos études. Ménagez ceux de vos camarades qui ont été moins heureux que vous et qui cependant vous valent peut-être.

Si vous aviez l'air trop contents de vous, vous donneriez la tentation à tout le monde, à vos **maîtres** comme à vos **camarades**, de vous faire toucher du doigt vos défauts. On les remarquerait d'autant mieux que vous paraîtriez ne pas les voir.

L'enfant modeste, celui qui s'efface et qui ne cherche pas à se faire valoir, rencontre au contraire une bienveillance, une indulgence générales. On est tenté de le rassurer, de le défendre contre sa propre sévérité. S'il a des succès, personne ne les lui reproche, parce qu'on sait bien qu'il n'en abusera pas pour humilier les autres. S'il ne réussit pas, on a peur qu'il ne se décourage et on lui tend la main pour lui rendre en lui-même une confiance qui a besoin d'être raffermie.

EXERCICES

En quoi consiste la modestie ? — Quels sont nos devoirs de modestie envers les autres, nos devoirs de modestie envers nous-mêmes ? — Si vous ne voyez pas vos défauts, les autres les verront — La modestie est le meilleur moyen de désarmer la critique.

Exemples.

I

L'illustre Washington était aussi modeste qu'intrépide. Quand on lui offrit le commandement en chef de l'armée américaine, il ne l'accepta qu'après y avoir été forcé. En remerciant le Congrès de lui avoir confié un poste si important, il s'exprima ainsi : « Je déclare aujourd'hui en toute sincérité, et je désire qu'on s'en souvienne, que je ne me crois pas à la hauteur du commandement dont on a bien voulu m'investir. »

Il écrivait en même temps à sa femme en lui annonçant sa nomination, de commandant en chef : « J'ai employé pour l'éviter tous les moyens en mon pouvoir, parce que j'ai la conscience que cette mission est trop grande pour ma capacité. »

II

Un des plus grands généraux et un des plus nobles caractères de la Révolution française, Hoche, nommé commandant de l'armée des côtes de Cherbourg, écrivit au Comité de salut public pour décliner un honneur qui lui paraissait supérieur à son mérite et pour indiquer comme plus capable que lui d'accomplir une si grande entreprise un de ses compagnons d'armes, le général Dumas, père d'Alexandre Dumas, grand-père de M. Alexandre Dumas fils.

V

ÉVITER L'ORGUEIL, LA VANITÉ, LA COQUETTERIE,
LA FRIVOLITÉ

L'orgueilleux se croit supérieur et veut paraître supérieur aux autres. Il cherche dans sa fortune, dans sa naissance, dans son intelligence des motifs de se préférer à tous. Cette disposition à ne s'occuper que de lui-même le rend facilement dur et insolent. Les mérites des autres n'existent pas pour lui, il ne les voit même pas, il ne connaît et n'admire que lui-même.

Mes chers enfants, si vous avez un camarade **orgueilleux**, vous le reconnaîtrez bien vite à l'importance qu'il se donne, à la bonne opinion qu'il a de lui. Il veut avoir raison contre tout le monde, même contre ses **parents** et contre ses **maîtres**; il ne supporte ni une réprimande ni même une simple observation. S'il commet une faute, il sera capable de **mentir** plutôt que de reconnaître son tort.

Comme ce défaut est très apparent, l'**orgueilleux** sera tout de suite jugé. Ni ses **camarades** ni ses **maîtres** ne l'aimeront et vous ne serez certainement pas tentés de lui ressembler.

Si vous aviez la faiblesse de vous enorgueillir de quelque chose, rentrez un instant en vous-mêmes, mes enfants; songez que vous ne possédez rien qui vous appartienne en propre. Tout ce que vous avez de bon, votre santé, vos forces, votre intelligence, votre petit savoir, vous le tenez de **Dieu**, de vos **parents** et de vos **maîtres**. Cela doit vous rendre modestes.

Vous n'aurez pas plus de **vanité** que d'**orgueil**. L'**orgueil** cherche à tirer avantage des choses que les hommes estiment le plus. La **vanité** se montre dans les petites choses. C'est un désir puéril de paraître et de se faire valoir.

L'enfant vaniteux parlera volontiers de ce que possèdent ses **parents** et cherchera à frapper l'attention de ses **camarades** en leur énumérant ou en leur montrant tous les petits avantages qu'il a de plus qu'eux ; il sera bien aise de se distinguer d'eux par un costume plus élégant, et ne sera pas fâché qu'on le regarde et qu'on le trouve mieux mis que les **enfants** de sa classe. La forme de son chapeau, de son col, la coupe et la couleur de sa veste lui paraissent des choses importantes. Vous lui rendrez service et vous le guérirez peut-être de sa **coquetterie** en vous moquant de lui. Le mot même de **coquetterie** lui fera peur. Il craindra, si on le lui applique, d'être comparé à une petite fille.

S'il a des prétentions à la toilette, ne lui ménagez pas vos plaisanteries. Coupez court à ce commencement de frivolité. Il faut que sa petite cervelle se meuble d'autre chose, d'idées plus sérieuses et plus utiles. **L'enfant** qui s'occuperait trop de ces bagatelles pourrait devenir un être frivole, ce qu'on appelle avec mépris une tête vide.

EXERCICES

Quels sont les inconvénients de l'orgueil ? — Quelles sont les raisons qui doivent préserver l'enfant de l'orgueil ? — Petitesses de la vanité. — Moyen de guérir chez l'enfant la coquetterie et la frivolité.

Exemple.

« Pour le plaisir de porter de beaux habits, dit familièrement Franklin, beaucoup de gens vont l'estomac vide et laissent leur famille manquer de pain. Les belles étoffes éteignent le feu de la cuisine. L'orgueil de se parer est une malédiction. Quand vous en êtes atteint, consultez votre bourse avant de consulter vos goûts et votre fantaisie. »

Ce même Franklin, étant député des États-Unis en

France, reçut un jour de sa fille, restée en Amérique, une lettre dans laquelle elle lui demandait des dentelles et des plumes pour figurer dans une fête nationale. Voici ce qu'il lui répondit : « Vous ne filez donc plus, vous ne tricotez donc plus, ma chère Sally? Vous dites que vous voulez être parée, parce que cela témoignera du goût de votre père, mais le goût de votre père c'est qu'au milieu de la misère universelle vous ne soyez point parée. Faites comme votre père, portez vos manchettes jusqu'à ce qu'elles soient trouées, cela vous fera de la dentelle; et quant aux plumes, si vous en voulez, vous en trouverez à la queue de tous les coqs d'Amérique. »

VI

AVOIR HONTE DE L'IGNORANCE ET DE LA PARESSE

La **société** moderne fait de grands efforts pour répandre **l'instruction.** Elle espère ainsi obtenir de chaque **citoyen** ce que chacun peut donner à l'œuvre commune. Au milieu de ce concours de toutes les intelligences provoqué par les gouvernements, il n'y a plus de place pour l'ignorance; celui qui ne possédera pas au moins **l'instruction** élémentaire sera dépassé partout par ses concurrents.

Lorsque tout le monde saura quelque chose, celui qui ne saura rien restera au-dessous de la position la plus humble. Songez, mes enfants, que vous allez trouver à l'école la clef sans laquelle vous n'ouvrirez plus tard aucune porte. Lorsque vous serez grands, partout où vous travaillerez, aux champs, dans un atelier, au régiment, sur la flotte, vos **camarades** auront un certain degré d'instruction. Quelle honte pour vous de ne pas savoir ce qu'ils savent, ce qu'il vous aurait été aussi facile d'apprendre qu'à eux, si vous aviez voulu profiter, comme eux, de vos années d'**école !**

Votre **ignorance** vous placera en quelque sorte sous leur dépendance. S'il s'agit de lire ou d'écrire une lettre, de faire un calcul, de parler de l'histoire ou de la géographie de votre pays, vous serez obligés de les appeler à votre secours, de vous en rapporter à ce qu'ils vous diront. Dites-vous bien que dans les pays voisins, en Suisse et en Prusse, par exemple, il n'y a pas un **ouvrier,** pas un **paysan,** pas un **soldat** qui ne sache lire, écrire, compter, et ne trouve le temps de faire quelques lectures utiles, d'augmenter peu à peu la petite somme de ses connaissances. Il n'en est pas plus fier pour cela, il sait bien que cette modeste **instruction** ne l'élève pas au-dessus de ses concitoyens; elle lui sert seulement à ne pas tomber au-dessous d'eux.

Là où tout le monde sait quelque chose, celui qui ne sait pas plus que tout le monde ne se dégoûte pas du travail manuel; cette **instruction** primaire, qu'il partage avec chacun ne le fait le supérieur de personne; il n'aspire à sortir de sa condition que s'il est réellement plus instruit et plus capable que ses **camarades.** Vous tenez votre sort entre vos mains, mes enfants. Il vous suffit d'un peu de courage pour bien employer les années que vous passez à l'**école ;** si vous les perdez, le mal est irréparable. Vous ne retrouverez ni le loisir que vous donne l'enfance, ni l'enseignement du maître, ni la fraîcheur de votre mémoire. Tout ce que vous apprendrez plus tard, vous l'apprendrez avec plus de peine. Profitez donc de ces belles années, vous en seezr largement récompensés dans l'avenir; vous en serez aussi récompensés dans le présent.

Connaissez-vous un plus triste sort que celui de **l'enfant paresseux?** Toujours grondé, toujours puni, il subit chaque jour une humiliation nouvelle. Quand on lui demande de réciter une leçon, quand on l'appelle au tableau, quand on l'interroge, il reste court, ou il répond une sottise au milieu des rires de ses camarades. Quelquefois même il suffit que son nom soit prononcé pour que toute la classe s'amuse d'avance à ses dépens. Regardez-le, mes enfants, pour ne pas l'imiter et pour ne pas vous exposer aux mêmes humiliations que lui.

EXERCICES

Embarras et infériorité de l'ignorant. — Nécessité de l'instruction si l'on ne veut pas rester toute sa vie au dessous des autres — Portrait de l'enfant paresseux.

Exemples.

I

Georges Stephenson, que nous avons déjà cité plusieurs fois, était fils d'un pauvre ouvrier mineur; à quinze ans il travaillait déjà à la mine et gagnait douze sous par jour. A dix-sept ans, il ne savait pas lire : il apprit tout seul, et pour pouvoir acheter quelques livres il employait une grande partie de ses nuits à raccommoder les vieux souliers de ses camarades.

II

Un Anglais nommé Lee, ouvrier charpentier, ayant vu dans une synagogue où il travaillait de son état une bible imprimée en caractères hébraïques, fut pris d'un immense désir de savoir l'hébreu : il acheta une grammaire d'occasion, apprit tout seul, et devint un professeur fort savant.

III

Un autre Anglais, Edmond Stones, avait commencé par être jardinier. On lui demandait un jour comment il avait fait pour devenir non seulement instruit, mais savant : « Il suffit, répondit-il, de savoir les vingt-quatre lettres de l'alphabet,.. et de vouloir; avec cela on apprend tout le reste. »

IV

Le général Drouot, né à Nancy en 1774, était fils

Drouot déclara qu'il venait pour être interrogé ; on l'interrogea

d'un boulanger. Lorsqu'on organisa l'artillerie et le génie, Drouot alla à Metz se présenter à la commission chargée d'examiner les candidats au grade d'officier dans ces deux armes. A la vue d'un jeune garçon vêtu en paysan, à l'air rustique, on crut à une méprise de sa part, mais il déclara qu'il venait pour être interrogé; on l'interrogea. Poussé de questions en questions jusqu'aux dernières difficultés du programme, il répondit de manière à émerveiller ses juges. « Où avez-vous étudié? lui demanda l'un d'eux. — J'ai étudié seul. » L'examinateur se leva et l'embrassa, et le jeune paysan, dont on était près de se moquer tout à l'heure, fut porté en triomphe par ses concurrents.

VII

COURAGE DANS LE PÉRIL ET DANS LE MALHEUR, PATIENCE, ESPRIT D'INITIATIVE

Pour remplir tous <u>les</u> **devoirs** dont nous venons de parler, mes enfants, pour être **sincères,** pour éviter **l'orgueil,** la **frivolité,** l'**ignorance,** pour résister à la tentation de la **paresse,** il faut un certain degré de **courage,** l'habitude de vouloir ce qui est bien et de l'accomplir, même au prix de quelques sacrifices.

Mais il y a des circonstances qui exigent un plus grand effort de la volonté. Ces circonstances ne sont guère de votre âge. Vous serez rarement exposés à des dangers. Cependant familiarisez-vous avec l'idée du péril. S'il se présentait tout à coup une occasion de risquer votre vie, ne soyez pas pris au dépourvu.

On a vu des **enfants** se jeter à l'eau pour sauver leurs **frères** ou leurs **camarades;** on en a vu qui bravaient les flammes dans un incendie. Ce sont là de très rares exceptions. C'est assez, néanmoins, pour qu'un enfant réfléchi pense à ce qu'il ferait, s'il se trouvait en face d'un danger pour lui ou les siens.

Vous savez d'ailleurs que vous servirez un jour la France sous l'uniforme du **soldat.** Ce jour-là, mes enfants, vous devez au pays tout votre sang. L'histoire nationale est remplie d'actes de **courage** admirables, accomplis sur les champs de bataille. Nourrissez votre mémoire de ces glorieux souvenirs et prenez d'avance la résolution de tout sacrifier, lorsque vous serez grands, au salut de la **patrie,** à l'honneur du **drapeau.**

Il y a un autre genre de **courage** qui est plus à votre portée, que vous aurez malheureusement plus d'occasions de montrer. La vie ne vous sera pas toujours facile. Vous pouvez être frappés dans vos plus chères affections, voir mourir à côté de vous vos **parents,** un **frère,** une **sœur,** un **ami.**

Si le malheur emporte votre **père,** il peut emporter du même coup toutes les ressources de la famille; si c'est votre **mère** qui succombe, vous perdrez avec elle votre guide, votre appui de tous les instants. Vous êtes exposés à éprouver l'horrible sentiment de la solitude et de l'abandon.

Mais ne vous laissez pas abattre, mes enfants. Si vous commencez par vous abandonner vous-mêmes, vous risquez d'être abandonnés aussi par les autres. La patience, le courage que vous montrerez auront la vertu d'adoucir pour vous la cruauté de l'épreuve. Vous vous sentirez plus forts par l'exercice de votre **volonté,** par la pratique de la **résignation.** Vous exciterez en même temps plus de pitié et d'intérêt si l'on voit l'effort que vous faites sur vous-mêmes pour supporter, pour dominer votre douleur.

L'enfant qui a déjà quelque chose des vertus d'un **homme**, qui sait souffrir sans se plaindre, supporter courageusement un **malheur**, une **maladie**, s'attire la sympathie et l'estime de tous. On fonde sur lui de sérieuses espérances, on lui sait gré de montrer des qualités qu'on n'osait pas attendre de son âge.

On le croyait **faible** et **fragile**, et voilà qu'il déploie tout à coup les vertus des **forts**, le **courage**, la **patience**. Celui qui commence la vie avec cette énergie la continuera intrépidement. Si à l'âge où la joie est si naturelle, le plaisir si séduisant, il est déjà sérieux et brave, on prévoit qu'il ne reculera devant aucune des difficultés, aucun des périls de l'avenir. **L'esprit d'initiative** révèle des qualités plus rares encore. Celui qui en est animé ne se contente pas d'attendre les événements, il les provoque, il dirige sa vie avec décision, avec audace. Il ne dépend pas de lui de supprimer les difficultés; mais il les simplifie quelquefois en les abordant dès l'origine, au moment où elles n'ont pas encore eu le temps de grossir.

On peut recommander à tout le monde le **courage** et la **patience** comme des vertus nécessaires. L'esprit d'initiative ne se commande pas. C'est un don précieux et rare, une qualité qui s'acquiert surtout dans les pays habitués depuis longtemps aux mœurs de la liberté.

EXERCICES

Courage de l'enfant qui se jette à l'eau ou qui se précipite dans le feu pour sauver un frère ou un ami. — Il y a dans tout enfant un futur soldat. — Énergie nécessaire à l'enfant qui pe d ses parents. — Nécessité du courage et de la patience — Avantages de l'esprit d'initiative ; il se développe surtout dans les pays de liberté.

Exemples.

I

Encore enfant et à l'école, Marguerite Meunier s'était prise d'amitié pour une pauvre mendiante aveugle qu'elle rencontrait dans les rues ; elle s'échappait de chez ses parents pour aller la voir dans son misérable logis, lui faire son lit, son feu, sa cuisine. Un jour, à la Fête-Dieu, Marguerite, avec ses compagnes de l'école, suivait la procession, près de laquelle marchait aussi l'aveugle ; Marguerite la voit s'écarter de la route et s'avancer sur une pente qui aboutissait à la rivière ; elle sort précipitamment des rangs, court à l'aveugle, la prend par le bras et la ramène dans le bon chemin. (*Rapport sur les prix de vertu*, 1859.)

II

Élisa Sellier avait quinze ans ; elle était l'aînée de neuf enfants et travaillait comme ouvrière dans une filature. Sa mère meurt ; son père, insouciant et débauché, abandonne sa maison. Que vont devenir ces neuf malheureux enfants, dont quelques-uns sont encore au berceau ? Qui va les secourir, les nourrir, les soigner ? Déjà la charité publique s'en émeut ; mais au milieu d'eux la jeune Élisa se lève, essuie ses larmes, console ses frères, et, sans s'effrayer de sa jeunesse, leur dit : « Adorons la main de Dieu qui nous frappe, et ayons confiance en lui ! C'est moi qui vous servirai de mère : Dieu me protégera et m'en donnera la force. » Dès ce moment, cette jeune fille de quinze ans se met à la tête de la maison. Avec un courage, une volonté, une intelligence au-dessus de son âge, elle pourvoit à tout, soigne les plus petits, se fait aider des plus grands, veille sur tous, et malgré le faible gain de sa journée, elle suffit, à force d'ordre, d'économie et de travail, à l'entretien de toute la famille, sans vouloir recourir à personne. C'est là sa gloire et son orgueil. (*Rapport sur les prix de vertu*, 1851.)

III

Au mois de décembre 1856, les pilotes du port d'Agde aperçurent en mer, vers le déclin du jour, un navire d'environ cent tonneaux, la goélette *la Reprise*, qui

C'était un enfant de treize ans, le mousse Perret.

faisait voile vers le port ; la mâture semblait en désordre et les flancs du navire portaient la trace d'un choc violent, d'un récent abordage. Quand les pilotes approchèrent, ils virent avec étonnement que le bâtiment marchait tout seul, pour ainsi dire , du moins le pont semblait désert : ni capitaine, ni timonier, ni matelots. On n'apercevait qu'un mousse allant et venant de tribord à babord, et faisant à lui tout seul le service d'un équipage. On voyait bien aussi dans un coin un pauvre matelot courbé, incapable de se tenir debout.

Le miracle s'expliqua. C'était un enfant de treize ans, le mousse Perret, qui, après que le navire eut été abandonné par le capitaine et par les matelots, à la suite d'un abordage, avait voulu rester seul à bord pour ne pas abandonner un vieux marin de l'équipage cloué sur le pont par la maladie.

Aidé des conseils du malade, le brave enfant s'était multiplié, avait suffi à la manœuvre, déployé les voiles et profité d'un vent favorable pour ramener, à lui tout seul, le bâtiment dans le port. (*Rapport sur les prix de vertu*, 1857.)

VIII

DANGERS DE LA COLÈRE

Comme l'a dit un ancien, la **colère** est une courte **folie**. Regardez **l'homme en colère :** son visage se contracte, ses yeux sortent de sa tête, sa bouche a un mouvement convulsif. Il prononce des paroles qu'il ne prononcerait jamais s'il était de sang froid, et qu'il regrettera d'avoir prononcées.

S'il recouvrait la raison qu'il a perdue momentanément , il rougirait de ce qu'il dit, de ce qu'il fait. Peut-être même aura-t-il à s'en repentir. Il est exposé, dans l'accès de son emportement, à commettre des actions irréparables, à insulter ceux qu'il aime le mieux et auxquels il doit le plus de **respect, ses amis, ses proches, ses parents.**

Il ne sait plus ce qu'il fait. Sait-il si la colère ne l'emportera pas jusqu'au crime, s'il ne lèvera pas la main sur son **père,** sur sa **mère,** s'il ne portera pas quelque mauvais coup à un **camarade** innocent? Beaucoup de meurtres ont été commis dans des accès de colère.

On commence par se quereller, puis on s'anime, on s'échauffe, on prononce des paroles violentes, et des paroles on en vient aux coups. C'est ainsi que, sans le vouloir, dans des transports de fureur immodérés, des **amis** ont tué des **amis,** des **frères** ont tué des **frères,** des **fils** même ont frappé leurs **parents.**

Les coupables se désespèrent quand le mal est fait. Ils se seraient épargné bien des remords s'ils avaient commencé de bonne heure à résister aux tentations de la colère.

Vous ne sauriez vous y prendre trop tôt, mes enfants, pour lutter contre un penchant si dangereux. Si vous vous sentez la moindre disposition à vous emporter, défiez-vous de vous-mêmes, tâchez de réprimer le premier mouvement d'irritation que vous éprouverez, de ne faire aucun geste et de ne prononcer aucune parole. Le silence est le meilleur des calmants. On se grise en parlant comme en buvant. Un premier mot en amène un second qui peut entraîner lui-même un flot de paroles dont on n'est plus le maître.

Lors même que vous serez provoqués par un **camarade,** ne vous laissez pas aller à lui répondre avec trop de vivacité. Vous regretteriez presque toujours d'avoir attaché trop d'importance à ce qu'il dit. Vous reconnaîtriez après coup qu'il n'avait point de mauvaises intentions, ou que le sujet de la querelle ne valait pas une discussion.

A plus forte raison, s'il s'agit de vos **maîtres** ou de vos **parents,** vous ne céderez pas à la tentation de vous emporter contre eux. S'ils vous réprimandent et s'ils vous punissent, vous savez qu'ils le font pour votre bien. Vous ne devez répondre à leurs observations par aucune parole malsonnante, par aucun geste de mauvaise humeur. **L'enfant** qui ne sait pas supporter qu'on le gronde saura encore moins supporter les contradictions et les discussions qui ne lui seront pas épargnées dans le cours de la vie.

EXERCICES

La colère trouble la raison. — Un homme de sang-froid ne recommencerait pas à dire et à faire ce qu'il a dit et ce qu'il a fait dans un accès de colère — Degrés par lesquels la colère peut conduire au crime. — Nécessité de résister à la colère dès le commencement. — S'imposer la loi du silence.

Exemples.

I

Un jour où l'on discutait devant le grand ministre anglais Pitt la question de savoir quelle était la qualité la plus nécessaire à un premier ministre, l'un des interlocuteurs dit : « L'éloquence; » un autre. « La science; » un troisième : « Le travail. » « Non, dit Pitt, c'est la patience. » Il avait, en effet, sur lui-même un empire admirable. Un de ses amis disait qu'il ne l avait jamais vu une seule fois de mauvaise humeur.

II

Un autre Anglais célèbre, Hampden, membre du Parlement, avait la réputation d'exercer sur ses collègues une influence bienfaisante par son caractère conciliant et calme. « Nous nous serions pris aux cheveux, disait un de ses adversaires politiques, et nous nous serions donné des coups d'épée, si M. Hampden, par quelques paroles pleines de sagesse, ne nous en eût empêchés, en nous décidant à remettre notre orageuse discussion au lendemain matin »

III

Alexandre le Grand, dans un accès de colère causé probablement par l'ivresse, tua son meilleur ami Clitus.

Alexandre le Grand tua son meilleur ami.

Revenu à lui, il se désespéra du crime qu'il avait commis, pleura sa victime et lui fit de magnifiques funérailles. Voilà jusqu'où les hommes les meilleurs peuvent se laisser entraîner dans un moment d'oubli et de fureur. Alexandre était bon, humain, généreux ; il a suffi d'un accès de colère pour lui faire perdre le bénéfice de toutes ses qualités et pour lui faire commettre une action dont il aurait eu horreur s'il était resté de sang-froid.

CHAPITRE IV

Devoirs envers les animaux.

1

TRAITER LES ANIMAUX AVEC DOUCEUR, NE POINT LES FAIRE SOUFFRIR INUTILEMENT

Il est assurément permis et même utile de tuer les **animaux** nuisibles qui se trouvent dans nos climats : les loups, les sangliers, les vipères, les scorpions, les guêpes. Nous n'éprouvons non plus aucun scrupule à manger la viande des **animaux** qui paraissent avoir été destinés par la nature à nous nourrir. Le bœuf, le mouton, le porc, les oiseaux de basse-cour, le gibier nous fournissent des aliments auxquels nous ne songerions pas si la nature ne nous avait créés carnivores. En nous inspirant le désir de manger de la chair, elle nous désignait en quelque sorte les victimes qu'elle réservait à notre usage.

Là s'arrête notre droit de vie et de mort. Nous en avons un autre : celui de faire servir à nos travaux ou à nos plaisirs certaines espèces domestiques, le cheval, le chien, la vache, la chèvre.

Mais soit que nous voulions les manger un jour, soit que nous en fassions des auxiliaires dans le présent, nous devons les traiter avec douceur.

L'animal a une faculté de souffrir qui se révèle à nous par des signes extérieurs; il pousse des plaintes ou des cris, et, lorsqu'il ne crie pas, son attitude dénote la douleur. N'abusons pas de notre supériorité sur lui pour le maltraiter. Il serait à la fois lâche et cruel de frapper un cheval, un âne, un chien sans nécessité.

Lorsque le cheval ou l'âne succombent sous les fardeaux que nous leur imposons et lorsque nous les frappons pour les contraindre à les porter, nous commettons un acte de barbarie, nous rabaissons la dignité de la nature humaine. Nous risquons en même temps de le faire mourir à la peine et d'être privés de leurs services L'humanité servirait mieux nos intérêts que la cruauté.

On dit que votre âge est sans pitié, mes enfants Vous êtes surtout **sans pitié** lorsque vous êtes **ignorants.** Si vous vous rendiez compte du mal que vous faites, vous ne voudriez pas le faire. Pensez un instant que **l'animal** est sensible, qu'il souffre comme vous, qu'il aime comme vous, et vous ne songerez plus à arracher les ailes du petit oiseau, à détruire les œufs dans les nids, à priver les **mères** des **enfants** qu'elles élèvent Vous ferez un retour sur vous-mêmes. vous vous rappellerez que, vous aussi, vous avez peur de la souffrance, de la solitude, de l'abandon.

Le cheval que vous montez, le chien qui vous suit et qui vous caresse ne sont-ils pas pour vous des amis ? Il serait aussi injuste de les maltraiter que de frapper des créatures humaines.

Les insectes mêmes ne sont pas insensibles. L'enfant qui prend plaisir à mutiler un hanneton. une mouche;

qui leur arrache les ailes ou les pattes, commet déjà une mauvaise action. Qu'il prenne garde d'endurcir son cœur et de l'habituer à voir souffrir des créatures vivantes ! Un jour il traitera peut-être durement ses semblables, il deviendra cruel sans le savoir et sans le vouloir, pour n'avoir pas su avoir pitié des plus humbles et des plus inoffensifs des animaux.

Un enfant qui, dans un jardin de Genève, voyant une caille apprivoisée courir librement à côté de la cage d'un oiseau de proie, avait eu la tentation de saisir la caille et de la jeter dans la cage, faisait l'effet d'un monstre à tous ceux qui entendaient raconter son histoire.

Voilà un de ces traits qui, en dénotant une tendance précoce à la férocité, inquiètent pour l'avenir.

EXERCICES

Est-il permis de tuer les animaux nuisibles? — Pouvons-nous manger les animaux dont la chair est saine? — L'animal souffre-t-il? — Quels sont nos devoirs à l'égard des animaux et particulièrement des animaux domestiques? — Les créatures vivantes et inoffensives n'ont-elles pas droit à notre humanité, à notre pitié?

Exemple.

1

Le peintre Gros vit un jour entrer dans son atelier un de ses élèves, avec un joli papillon piqué à son chapeau et se débattant encore. Indigné, il se mit dans une violente colère : « Quoi! malheureux, dit-il, voilà

Vous trouvez une creature charmante et vous ne savez que la faire souffrir !

le sentiment que vous inspirent les belles choses! Vous trouvez une créature charmante, et vous ne savez que la faire souffrir! Sortez d'ici et n'y rentrez plus! »

Un naturaliste renommé, Lyonnet, se félicitait

d'avoir pu mener à bien de vastes études sans avoir eû besoin de tuer plus de huit ou neuf chenilles.

II

Le fabuliste La Fontaine, étant à la campagne chez des amis, revint un jour si fort en retard d'une promenade qu'il avait faite, que tout le monde avait dîné quand il rentra. On lui demanda d'où il venait : « Je viens, répondit-il, de l'enterrement d'une fourmi : j'ai suivi le convoi jusqu'au cimetière, et j'ai reconduit la famille jusque chez elle. »

II

LOI GRAMMONT. — SOCIÉTÉ PROTECTRICE
DES ANIMAUX

Les conducteurs, les charretiers frappent quelquefois avec acharnement les pauvres bêtes qui traînent de lourdes voitures et qui tombent épuisées. On en a vu qui inventaient de véritables tortures pour forcer les chevaux à se relever et à marcher.

Quelques scènes de ce genre ont ému un député, le marquis de Grammont, qui a fait voter par l'Assemblée législative, le 2 juillet 1850, la loi suivante :

« Seront punis d'une amende de 5 à 15 francs et peuvent l'être de un à cinq jours de prison, ceux qui auront exercé publiquement et abusivement de mauvais traitements envers les **animaux** domestiques. La peine de la prison sera toujours applicable aux cas de récidive. »

La Société protectrice des **animaux** s'est formée pour venir en aide à la loi. Elle travaille à améliorer le sort des **animaux** par tous les moyens qui sont en son pouvoir.

Elle décerne des récompenses aux propagateurs de son œuvre et aux inventeurs d'appareils propres à soulager les **animaux**; aux agents de la force publique signalés par leurs chefs comme ayant fait respecter les lois et règlements qui répriment les actes de cruauté et les mauvais traitements envers les **animaux**; aux agents de l'agriculture, bergers, serviteurs de ferme, fermiers, conducteurs d'animaux; aux cochers, garçons bouchers, maréchaux ferrants; enfin, à toute personne ayant fait preuve à un haut degré, par de bons traitements, des soins intelligents et soutenus, de compassion envers les animaux.

EXERCICES

Qu'est-ce que la loi Grammont ? — Qu'est-ce que la Société protectrice des animaux ?

CHAPITRE V

Devoirs envers les autres hommes et envers Dieu [1].

I

JUSTICE [2]

Vous avez presque tous lu, mes enfants, l'histoire de Robinson jeté **seul** par un naufrage dans une île

Robinson, jeté seul dans une île déserte

déserte. Vous avez admiré son courage et son industrie; mais vous vous rappelez aussi tout ce qu'il a souffert, combien la solitude lui a paru cruelle. Il n'a vraiment

1. On trouvera fondus dans ce chapitre, comme dans quelques chapitres précédents, les programmes du cours moyen et du cours supérieur.

2. Voici le texte du cours supérieur : Nécessité et bienfaits de la société. La justice, condition de toute société.

retrouvé un peu de bonheur qu'en retrouvant un compagnon dans la personne de Vendredi. C'est que l'homme n'est pas fait pour vivre seul. Il a besoin du secours des autres, comme les autres ont besoin du sien. La **société** est l'état naturel de l'humanité. Chacun apporte dans cette réunion son travail et ses aptitudes. Le bien-être de tous résulte de l'effort de chacun. Mais la **société** ne peut durer qu'en se soumettant à des lois acceptées par chacun au bénéfice de tous. C'est ce qu'on appelle la **morale sociale.**

Tous les principes de la **morale sociale** se ramènent à ces deux maximes de l'Évangile : « Ne fais pas à autrui ce que tu ne voudrais pas qu'on te fît à toi-même. — Fais à autrui ce que tu voudrais qu'on te fît à toi-même. »

La première de ces deux obligations s'appelle la **justice,** la seconde s'appelle la **charité.** Voyons d'abord en quoi consiste la **justice.** La moindre des vertus qu'elle nous impose est de ne pas **rendre le mal pour le bien.** Ce n'est même pas là une vertu ; c'est plutôt l'absence d'un crime, car celui qui ferait du mal à son bienfaiteur commettrait un acte d'odieuse ingratitude.

Il n'y a pas non plus beaucoup de mérite **à ne pas faire de mal à ceux qui ne nous ont pas fait de mal.** Que penseriez-vous si un de vos compagnons de classe faisait du mal devant vous à un camarade inoffensif, pour le seul plaisir de faire le mal? Vous l'accuseriez de méchanceté! Son action serait le contraire d'un acte de **justice.**

La **justice** exige encore davantage ; elle nous défend de rendre le **mal pour le mal.**

Vous pourriez être tentés, mes enfants, de vous venger

d'un **camarade** taquin ou méchant. Le désir de la vengeance est un des sentiments les plus naturels au cœur humain. Résistez-y néanmoins. Vous en serez récompensés par la double satisfaction d'avoir rempli un devoir de **justice** et vaincu un des penchants les plus difficiles à vaincre.

Vous sentirez en même temps une sorte de supériorité morale sur celui qui a eu des torts envers vous et dont vous n'aurez pas voulu imiter le mauvais exemple.

EXERCICES

Ne pas faire le mal pour le bien. — Ne pas rendre de mal à ceux qui ne	nous ont pas fait de mal. — Ne pas rendre le mal pour le mal.

II

CHARITÉ [1]

La **charité** est quelque chose de plus que la **justice.** Un de vos **camarades** vous rend un service, vous prête un de ses livres, un de ses jouets, ou vous défend contre un écolier plus fort que vous. Vous le traitez à votre tour en ami, vous lui rendez le bien pour le bien. Ce n'est pas encore de la **charité,** c'est simplement de la **justice.**

La **charité** commence au moment où vous faites plus que votre devoir, où vous mettez du vôtre dans vos rapports avec vos semblables.

Lorsque vous déposez un sou dans le chapeau d'un **aveugle** ou d'un **infirme,** lorsque vous consolez

1. Texte du cours supérieur : La solidarité, la fraternité humaines.

un **camarade** qui vient de perdre sa **mère,** lorsque vous soignez un **ami** malade, lorsque vous vous jetez à l'eau pour sauver un **enfant** qui se noie, vous offrez à un autre des biens qui sont à vous votre argent, vos consolations, vos soins, votre vie. Vous ne lui rendez pas ce qui lui appartient, vous lui livrez quelque chose de vous-même; vous lui faites un **don.** C'est la **charité,** c'est l'**amour** qui vous inspirent.

Sans la **justice,** la société retournerait à la barbarie; sans la **charité,** elle serait inhabitable pour les pauvres, pour les malheureux, pour cette immense partie du genre humain qui a besoin d'être soutenue et consolée. Tout le monde ne peut pas donner de l'argent. Mais ce que chacun peut donner, c'est une part de son cœur, de son amitié, de ses soins. **Aimez-**vous les uns les autres : voilà la plus grande parole qui ait été prononcée dans le monde.

Si vous **aimez,** si vous êtes **aimés,** la vie, si pénible qu'elle soit, ne vous paraîtra plus sèche et triste.

La **charité** fera pénétrer dans les demeures les plus pauvres et les plus désolées un rayon d'espoir, elle apportera des secours à ceux qui ont besoin de tout, et, lorsqu'elle-même sera dénuée de ressources, lorsqu'elle n'aura pas d'argent à donner, elle offrira sa sympathie, son dévouement ce qu'il y a de meilleur et de plus tendre au fond de l'âme humaine.

Bien des douleurs sont adoucies par une parole affectueuse, par une larme qui vient du cœur. Ne refusez jamais à ceux qui souffrent la consolation de sentir que leurs maux sont compris et partagés.

Exemples

I

Si je vous disais, mes enfants, qu'une femme accoutumée dès sa naissance aux douceurs de la vie, et possédant une fortune qui l'assurait de les goûter longtemps, prend un jour la résolution, non seulement de mourir au monde, de se dévouer tout entière au soulagement des malheureux, mais de tout leur abandonner, tout, sans réserve, sans exception, le nécessaire comme le superflu, si j'ajoutais que cette résolution s'est accomplie, que depuis quinze années, tous les établissements charitables qui manquaient à la contrée ont été construits et dotés du seul produit de cette fortune devenue tout entière la propriété des pauvres, et que la donatrice, bientôt réduite à coucher sur la dure, s'imposant les mêmes privations, vivant de la même vie que les malheureux qu'elle soulage, mais ne se résignant pas à n'avoir plus rien à donner, s'est faite mendiante, seule et dernière chance de faire encore l'aumône, que penseriez-vous, dites-moi ?

Ne vous semblerait-il pas que je parle et d'un monde et d'un siècle bien éloignés de nous, qu'il me vient en mémoire quelque légende des premiers temps du christianisme ? Peut-être chercherez-vous de quelle sainte j'ai voulu vous rappeler la vie ? Eh bien ! mes enfants, ne cherchez pas, c'est de nos jours, dans un chef-lieu de sous-préfecture, à Saint-Yrieix, en Limousin, que vous trouverez l'héroïne de cette moderne légende. Son nom, vous le saurez bientôt, pour peu que vous traversiez la ville ou le pays qui l'environne : l'orphelinat, la salle d'asile, l'ouvroir, l'école des jeunes filles pauvres, la maison des vieillards indigents sont là pour vous le dire : tout cela a été créé par l'inépuisable **charité** de madame Fleurat.

II

En 1839, une servante qui avait perdu ses maîtres et qui vivait dans sa mansarde à Saint-Servan, recueille

Elle se dévoue tout entière au soulagement des malheureux.

chez elle deux vieilles femmes impotentes et indigentes. En 1841, elle a loué une petite maison et recueilli douze pauvres gens ; un peu plus tard, elle en recevait vingt, puis trente, et enfin jusqu'à soixante-cinq, tous vieux ou infirmes ou estropiés ou atteints de maux incurables.

Excitées par son exemple, trois personnes sont venues se joindre à la pauvre servante et partager les soins qu'elle donnait à la vieillesse, à la misère, aux plus cruelles infirmités humaines. C'est ainsi que Jeanne Jugan a doté d'un véritable hospice la ville de Saint-Servan.

C'est ainsi qu'a été créée l'admirable institution des petites sœurs des pauvres. Ces filles courageuses, qui soignent les vieillards abandonnés, qui pansent leurs plaies, qui travaillent et qui mendient pour eux, sont les héritières de Jeanne Jugan.

III

NE PORTER ATTEINTE, NI A LA VIE, NI A LA PERSONNE, NI AUX BIENS, NI A LA RÉPUTATION D'AUTRUI [1]

La **vie de l'homme** doit être sacrée pour l'homme. Celui qui tue un de ses semblables, qui détruit une créature humaine, commet un crime irréparable. Cette **vie** qu'il a éteinte ne renaîtra jamais. Des milliers d'années s'écouleront sans jamais reproduire l'être une fois disparu. Le seul droit que nous ayons, c'est celui de nous défendre si nous sommes attaqués et de ne jamais permettre qu'on touche à notre **patrie**. Défendre la **patrie** menacée, c'est plus

1. Texte du cours supérieur :
Applications et développements de l'idée de justice. Respect de la vie et de la liberté humaines. Respect de la propriété. Respect de la parole donnée. Respect de l'honneur et de la réputation d'autrui : la probité, l'équité, la délicatesse.

qu'un **droit**, c'est le **devoir** le plus sacré du **citoyen.**

Nous ne portons pas atteinte à la **vie** de nos semblables lorsque nous versons le sang sur un champ de bataille pour la défense du **drapeau** national. Celui qui sert son pays à la guerre n'est point un meurtrier, c'est un soldat.

' Il ne tue pas pour satisfaire une passion criminelle. Il tue pour se sauver lui-même et pour préserver les siens de la domination de l'étranger.

En dehors de ce cas de légitime défense, il est interdit non seulement de porter atteinte à la **vie** des autres, mais de les frapper, d'exercer sur leur corps aucune violence.

Jouez avec vos camarades, mes enfants, luttez même avec eux dans des exercices de gymnastique où vous mesurerez vos forces, mais ne les frappez jamais méchamment, avec l'intention de leur faire du mal. Un mauvais coup est bientôt porté. Vous pourriez vous repentir toute votre vie d'avoir defiguré ou estropié un de vos compagnons de jeu.

En même temps que nous respectons l'existence d'autrui, nous devons aussi respecter ce qui lui appartient. Si nous lui prenons ce qui est à lui, nous commettons un **vol**, c'est-à-dire une action honteuse.

Vous ne déroberez point, mes enfants. Voilà un commandement essentiel qu'il faut retenir en prenan, l'engagement de n'y jamais manquer.

Si un **camarade** plus riche que vous possède des objets que vous ne possédez point, regardez-les sans envie et ne cédez jamais à la tentation de les lui prendre.

6.

Toute votre **vie**, vous aurez sous les yeux des biens qui ne vous appartiendront point, qui appartiendront à d'autres.

Habituez-vous à les considérer comme un **fruit défendu** sur lequel il ne vous sera jamais permis de porter la main. Ne touchons pas non plus à la réputation d'autrui. La bonne renommée fait partie des biens les plus précieux de l'homme, de ceux auxquels il attache justement le plus de prix.

Si vous adressez une injure à un **camarade**, vous lui faites du tort; vous pouvez non seulement vous tromper dans le jugement que vous portez sur lui, mais tromper les autres, donner de lui une mauvaise opinion qu'il ne mérite pas. Si le mal que vous dites est vrai, c'est une **médisance** et vous manquez à la **charité**. Si le mal que vous dites est faux, c'est une **calomnie** et vous manquez à la **justice**.

EXERCICES

Respect absolu de la vie d'autrui, hors le cas de guerre et de légitime défense. — Vous ne frapperez point, vous ne déroberez point. — Vous ne direz pas de mal de vos camarades, vous ne médirez pas, vous ne calomnierez pas.

Exemples.

I

Respect de la parole donnée.

Le respect de la parole donnée fait partie des obligations que nous impose la justice. Il faut quelquefois un grand courage pour remplir tout ce devoir. En voici un exemple admirable : Un marin de Saint-Malo,

Supplice du marin du Babinais.

nommé du Babinais, avait été pris par les pirates du dey d'Alger. Celui-ci l'envoya en France porter à Louis XIV des propositions de paix, après avoir exigé de lui le serment de revenir, s'il échouait dans sa négociation, et l'avoir prévenu que les têtes de six cents Français, prisonniers comme lui, répondaient de sa parole. Louis XIV ayant jugé les propositions de paix inacceptables, du Babinais mit ordre à ses affaires en homme décidé à mourir, et retourna à Alger où le dey, comme il s'y attendait, lui fit trancher la tête.

II

Probité, équité, délicatesse.

Trois vertus essentielles, la probité, l'équité, la délicatesse, se trouvent réunies dans l'ensemble d'une même vie dévouée au bien.

Il y a quelques années, à Provins, une famille honnête fut complètement ruinée par des entreprises hasardeuses. Après avoir donné tout ce qu'il possédait. le malheureux père, âgé et incapable de travail, devait encore près de quatre mille francs.

Comme il n'avait que des enfants mineurs, ses créanciers croyaient tout perdu. L'un de ces enfants était une jeune ouvrière de quatorze ans qui travaillait depuis plusieurs années pour s'amasser une dot et entrer dans la vie religieuse.

Aussitôt que le désastre de sa famille lui fut connu, la courageuse jeune fille n'hésita pas à sacrifier ses économies.

Il ne lui suffisait pas de subvenir aux premiers besoins des siens, elle voulait, à force de travail, payer les dettes et réhabiliter le nom de son père. Elle va trouver les créanciers, leur demande du temps, beaucoup de temps, et les supplie de laisser quelques effets au vieillard.

Au bout de vingt ans, Mlle Josserand a rempli toutes ses obligations; les dettes de son père sont payées, son frère lui doit une bonne éducation et un état. C'est là un bien rare exemple de probité et de délicatesse. Ces vertus ont inspiré confiance aux créanciers, qui y ont répondu en accordant avec équité le délai qu'on leur demandait.

Si Mlle Josserand avait eu à sa disposition les quatre mille francs dus par son père, elle n'aurait fait en les remboursant qu'un acte de probité. Sa délicatesse a consisté à prendre à sa charge une dette dont personne ne songeait à rendre responsable une enfant de quatorze ans.

Les créanciers, de leur côté, n'auraient pas cessé d'être probes s'ils avaient refusé au père et à la mère le délai demandé par leur fille. Mais ils auraient alors manqué d'équité : la plus simple équité leur commandait de ne pas décourager la jeune fille dans la noble tâche à laquelle elle se dévouait. Il y a des cas où l'équité est plus difficile, lorsqu'il s'agit, par exemple, de donner tort à un ami ou à un parent pour rendre justice à un indifférent ou même à un adversaire. Mais on n'est équitable qu'à la condition de subordonner ses affections personnelles au principe supérieur de la justice.

IV

BONTÉ, FRATERNITÉ, TOLÉRANCE, RESPECT DE LA CROYANCE D'AUTRUI [1]

Soyez **bons**, mes amis. Ne vous contentez pas de ne point faire de peine à ceux qui vous entourent. Tâchez

1. Texte du cours supérieur : Applications et développement de l'idée de charité ou de fraternité, ses divers degrés. Devoirs de bienveillance, de reconnaissance, de tolérance, de clémence, etc. Dévouement, forme suprême de la charité ; montrer qu'il peut trouver place dans la vie de tous les jours.

de leur rendre la vie aussi douce que possible. Soyez **heureux** chaque fois qu'il vous sera donné de faire plaisir à vos **parents,** à vos **maîtres,** à vos **camarades.**

La **bonté** a un grand charme. Elle attire et elle conserve les amitiés. Elle procure à l'âme une paix, une sérénité profondes. Il n'y a pas de plus douce satisfaction que de faire du bien à ses semblables. Comme on respire à l'aise lorsqu'en se couchant on peut se rendre ce témoignage qu'on a fait des **heureux!** Quelles journées bien employées que celles qu'on donne au **bonheur** des autres!

Le seul avantage de la richesse et du pouvoir est de permettre de faire le bien sur une plus grande échelle. Mais les pauvres ont aussi l'occasion de montrer leur **bonté.** Ils peuvent la témoigner par la douceur de leur caractère, par leur empressement à être utiles, par la chaleur et par la solidité de leur dévouement.

Les distinctions sociales qui nous séparent sont bien peu de chose en comparaison des ressemblances de la nature humaine qui nous rapprochent. Riches ou pauvres, nous sommes tous des **enfants** de la même **famille.** Nous avons tous besoin les uns des autres; nous ne vivons qu'à la condition de nous entr'aider comme des **frères.**

Le beau mot de **fraternité** répond à la plus pressante nécessité de la vie sociale. L'**homme isolé** traîne une existence pénible. Dès qu'il sent auprès de lui un point d'appui, dès que des mains fraternelles se tendent vers la sienne pour le soutenir et pour l'aider, il sent doubler ses forces.

Vous en jugez vous-mêmes d'avance, mes enfants, par l'impression que vous éprouvez en **travaillant** en commun. Le **travail** ne vous semble-t-il pas plus facile et plus doux lorsque vous le partagez avec des **camarades ?** Auriez-vous la même ardeur, éprouveriez-vous le même plaisir si vous creusiez seul votre sillon? La **salle d'école** est comme une image de la **famille** que vous quittez, de la **société** qui vous attend. Elle vous montre des visages amis qui vous encouragent dans vos efforts, qui vous soutiennent dans vos défaillances.

N'avez-vous pas besoin d'**indulgence** les uns pour les autres? La pensée des services que vous vous rendez mutuellement dans la vie commune, du bien que vous vous faites en travaillant ensemble, ne doit-elle pas dominer les différences religieuses qui pourraient séparer vos familles?

Ne vous faites pas les juges des **croyances** de vos **frères,** respectez la **liberté** de leur **conscience,** comme vous désirez qu'ils respectent la vôtre?

N'êtes-vous pas après tout les enfants du même père, les serviteurs du même maître, et n'y a-t-il pas plusieurs provinces dans le royaume de Dieu?

EXERCICES

Charme et avantages de la bonté. — Tristesse et sécheresse de l'isolement. — Bienfaits de la fraternité à l'école comme dans la vie. — Nécessité de la tolérance — Obligation de respecter la croyance d'autrui si l'on veut soi-même faire respecter la sienne

Exemples.

I

La bonté et la bienveillance.

« La bonté, disait Bentham, attire la bonté. Nous pouvons répandre autour de nous, à peu de frais, des semences de courtoisie et de charité. Quelques-unes tomberont inévitablement sur de bonnes terres et répandront dans les cœurs des germes de bienveillance; mais toutes seront une source de bonheur pour celui qui les aura semées. »

Le poète Rogers racontait volontiers l'histoire d'une petite fille qui était l'idole de tous ceux qui la connaissaient. Quelqu'un lui ayant demandé : « Comment se fait-il que tout le monde vous aime tant? » Elle répondit : « Je crois que c'est parce que j'aime tant tout le monde. » Cette bienveillance générale est le premier, le plus simple degré de la charité. La bienveillance peut ne se manifester que par des sentiments. La bienfaisance se manifeste par des actes, par des bienfaits.

II

La bienfaisance et la reconnaissance.

Une fruitière de la rue Saint-Honoré, à Paris, établie sous une porte cochère, vit un jour un enfant de cinq ans accroupi près de son étalage. Le pauvre petit regardait d'un œil d'envie tantôt les paniers de fruit, tantôt le déjeuner que la fruitière allait prendre, et il pleurait. « Qu'as-tu donc à pleurer, mon enfant? » lui dit-elle. L'enfant avait faim. L'excellente femme partagea son repas avec lui, l'interrogea, apprit qu'il était à peu près abandonné, et finit par l'adopter. Voilà qui est d'un ordre infiniment plus élevé que la bienveillance. C'est un acte admirable de bienfaisance.

La reconnaissance est le sentiment par lequel l'enfant adopté répondit aux soins de sa bienfaitrice. Il fut mis par elle en apprentissage, devint un honnête homme, un très bon ouvrier, et consacra religieuse-

sement tout ce qu'il gagnait à améliorer la position de
la pauvre femme qui l'avait élevé. Il remplissait ainsi

L'enfant avait faim.

le plus sacré des devoirs. Il n'y en a pas de plus impérieux que de répondre à un bienfait par la reconnaissance.

III

La générosité et la clémence.

La tolérance exige de nous que nous supportions chez
les autres des opinions et des croyances différentes des
nôtres. La générosité nous demande davantage ; elle
nous invite à rendre le bien pour le mal, à pardonner
aux méchants le mal qu'ils nous ont fait. C'est le sentiment élevé qu'on appelle la clémence chez les souve-

rains et qui inspirait à notre roi Louis XII, autrefois duc d'Orléans, cette belle parole : « Le roi de France doit oublier les injures faites au duc d'Orléans. »

La tragédie de Corneille qui a pour titre *Cinna, ou la Clémence d'Auguste*, est consacrée à peindre la vic-

Auguste pardonne à Cinna, qui a conspiré contre lui, son bienfaiteur.

toire que l'empereur Auguste remporta sur lui-même en pardonnant à Cinna, qu'il avait comblé de bienfaits et qui n'en avait pas moins conspiré contre son bienfaiteur. Le mérite du prince, en pareil cas, est de se montrer supérieur à toute idée de vengeance et d'accabler son ennemi de sa générosité.

IV

Le devouement.

Le dévouement, cette forme suprême de la charité,

cette ardeur de sacrifice qui nous porte au secours des autres en nous amenant à nous oublier nous-même, peut se manifester de deux manières : par des actes éclatants; par des soins obscurs et modestes, renouvelés tous les jours dans l'accomplissement d'une tâche volontaire.

Une même vie, une vie admirable, nous présente l'exemple successif de ces deux genres de dévouement.

Ponée, aujourd'hui syndic des gens de mer de Bréhal, dans le département de la Manche, a d'abord été embarqué, comme mousse, à bord de la *Chevrette*.

A dix-huit ans, Ponée sauvait un matelot.

Il n'était encore âgé que de quinze ans lorsqu'il recevait les premières félicitations de son commandant pour le courage et le sang-froid qu'il avait déployés dans le naufrage du bâtiment. A dix-huit ans, en rade de Brest, il sauvait devant tout l'équipage de la *Durance* un matelot tombé à la mer. Ce fut dès lors une de ses vocations. Depuis ce moment, vingt-sept personnes lui doivent la vie. Deux médailles d'argent, une médaille d'or, attachées sur sa poitrine, le désignent à la reconnaissance publique!

Mais ce n'est encore que la moindre partie de ses titres. Il y a quelque chose de plus difficile que la hardiesse du marin qui se jette à la mer dans un élan d'héroïsme; c'est le dévouement obscur, patient, aux devoirs meurtriers; c'est le sacrifice de la vie renouvelé tous les jours, sans aucune espérance de gloire, pour l'unique satisfaction de la conscience.

Au Mexique, Ponée a demandé comme une faveur

Ponée soigne cinquante quatre de ses camarades.

de rester à bord de l'*Amazone*, dépeuplée par la fièvre jaune. En quinze jours il soigne et il ensevelit cinquante-quatre de ses camarades. Lorsque le bâtiment est renvoyé en France, lui seul a échappé au fléau; il demande à être débarqué pour soigner à terre de nouvelles victimes. On le lui refuse et, en voulant le sauver, on lui offre simplement une occasion différente de montrer son courage. Le bâtiment est resté un foyer d'infection. De nombreux malades meurent en route; il y a des victimes jusque dans le lazaret de Toulon. Sur la demande des médecins chargés d'étudier la nature du mal, c'est Ponée qui les aide à faire l'autopsie des cadavres, c'est lui qui désinfecte ou qui brûle les effets des hommes morts et qui reste enfermé le dernier au milieu des germes de la contagion.

Les marins de l'*Amazone* portent Ponée en triomphe.

Lorsque les débris de l'équipage obtinrent la permission de descendre à terre, le commandant fit dire une messe d'actions de grâces par l'aumônier du bord. A la sortie de la cérémonie, les marins de l'*Amazone*, dans un élan de reconnaissance, prirent Ponée entre leurs bras et le portèrent en triomphe à travers les rues de la ville. La médaille militaire lui fut ensuite remise par l'amiral, sur le **Champ-de-Bataille,** devant toutes les troupes réunies.

Lorsque vous verrez, mes enfants, sous l'humble uniforme d'un marin ou d'un soldat, le ruban vert et jaune, pensez à l'héroïque Ponée, songez à ce qu'une simple médaille peut représenter de dévouement et de sacrifices. (*Rapport sur les prix de vertu. 1882.*)

V

DEVOIRS ENVERS DIEU

Qui donc a fait le monde que vous avez sous les yeux, ces bois, ces prairies, ces rivières, ces créatures vivantes, ce soleil qui vous réchauffe et ces milliers d'étoiles qui éclairent les nuits d'été ?

Vous avez déjà répondu, mes enfants. Un nom auguste est venu sur vos lèvres, un nom que vous ne devez prononcer qu'avec respect : celui de **Dieu.**

Le plus illustre savant de l'Angleterre, Newton, se découvrait chaque fois qu'il parlait ou qu'il entendait parler de **Dieu.**

Vous voyez l'ordre constant des lois de l'univers, la régularité des saisons, les changements des plantes qui poussent au printemps et qui se dessèchent à l'automne, la succession des jours et des nuits, du froid et de la chaleur, de la sécheresse et de la pluie. Tout est ainsi réglé par une volonté suprême à laquelle presque tous les peuples, dans tous les temps, ont donné le même nom.

C'est aussi de **Dieu** que vient la **loi morale.**

Cette différence que vous sentez, mes enfants, entre le bien et le mal, la satisfaction que vous éprouvez à bien agir, le regret que vous causent vos fautes, la liberté que vous avez de choisir et qui vous rend responsables de vos actions, vous révèlent une loi supérieure.

Vous avez en vous l'idée d'une perfection que vous ne réalisez pas, à laquelle des milliers d'entre vous aspirent sans l'atteindre. Cette idée vous vient précisément de l'**être** par excellence, de l'**être parfait,** c'est-à-dire de **Dieu.** Il l'a gravée dans vos cœurs pour que vous cherchiez à vous rapprocher de lui par la **vertu.** Comme l'a dit un ancien, la **ressemblance** avec **Dieu,** c'est la **vertu.**

Plus vous serez vertueux, plus la beauté du divin modèle vous apparaîtra. Le premier hommage que vous lui devez, c'est par conséquent l'obéissance aux **lois** que votre conscience et votre raison vous révèlent.

Ces lois expriment sa volonté. Celui qui les **viole** s'expose à un châtiment dont Dieu seul est juge. Celui qui les **observe** mérite une récompense que la justice divine ne lui refusera pas.

Lorsque nous pensons à cette toute-puissance de Dieu, à ce droit de punir ou de récompenser tous les actes suivant leurs mérites, qui n'appartient qu'à lui, nous sommes saisis de **respect** et de **crainte.**

Puis, comme l'a dit un grand philosophe : « Si nous « venons à considérer que cet être tout-puissant a bien « voulu nous créer, nous, dont il n'a aucun besoin ; « qu'en nous créant, il nous a comblés de bienfaits ; « qu'il nous a donné cet univers pour jouir de ses « beautés toujours nouvelles, la raison pour penser, « le cœur pour aimer, la liberté pour agir, nous « sommes pénétrés pour lui de **reconnaissance**

« et d'**amour**, nous avons besoin de le remercier par
« l'adoration et par la prière. »

L'obéissance, le respect, l'amour, voilà, par
conséquent, nos devoirs envers Dieu

EXERCICES

Quelles sont les preuves de l'existence de Dieu ? — Quels sont nos devoirs
envers Dieu ?

LIVRE III

Notions d'instruction civique.

CHAPITRE PREMIER

Le citoyen. — Ses devoirs. — Obéissance aux lois. — L'obligation scolaire [1].

I

S'INSTRUIRE POUR OBÉIR A LA LOI

Vous savez déjà, mes enfants, que vos **pères** ont lutté et souffert, pendant des centaines d'années, pour créer la **patrie** française. **Aimez** et **servez** cette **patrie** de tout votre cœur. Vous avez envers elle des devoirs étroits.

Vous lui devez d'abord d'**obéir** à ses **lois.** La **loi** est faite par les représentants que les citoyens choisissent eux-mêmes; elle est donc l'œuvre de tout le monde; tout le monde, par conséquent, est tenu de la respecter

L'instruction primaire est la première **obligation** que vous impose la loi; **obligation** bienfaisante, que vous n'aurez pas de peine à observer et à laquelle vos **parents** ne vous permettraient pas de manquer.

1. Toute cette première partie de l'instruction civique se confond dans le programme officiel avec la dernière partie du cours supérieur d'éducation morale. Les élèves qui suivent ce cours trouveront donc ici une réponse a toutes les questions qui leur sont posées par leur programme.

7.

Grâce à la sage prévoyance du législateur, vous apprendrez au moins ce que chaque **enfant** de votre âge doit savoir, s'il ne veut pas rester au-dessous de la grande majorité de ses **camarades** et des **enfants** des autres pays.

Vous ne serez pas pour cela des savants ; vous n'aurez appris que le nécessaire, ce que le cultivateur, l'ouvrier, le manœuvre ne peut se dispenser de connaître pour devenir un meilleur cultivateur, un meilleur ouvrier, un meilleur manœuvre. Le travail manuel n'est pas seulement une question de bras. Un travailleur un peu instruit ménage mieux ses forces et achève mieux sa besogne qu'un travailleur ignorant.

EXERCICES

Pourquoi sommes nous tenus d'obéir à la loi ? — Pourquoi l'instruction elementaire est-elle imposée à tout le monde? — Quels avantages en retirent les travailleurs ?

II

LE SERVICE MILITAIRE

Discipline. — Dévouement. — Fidélité au drapeau.

Mes enfants, vous serez un jour des **soldats,** comme vous êtes aujourd'hui des **écoliers.** Vous devez à la patrie le **service militaire.** En la défendant, chacun de vous défendra le foyer paternel, la maison où vous êtes nés, la commune où vous avez vécu, le territoire national, le patrimoine que vous ont légué vos **pères** et quelque chose de plus encore : les **lois** qui vous protègent, les bienfaits de la civilisation, tout ce passé de travail et de gloire qui a fait la France si grande parmi les nations.

Lorsqu'un régiment passe dans une rue de votre ville ou de votre village, vous regardez d'abord avec curiosité les uniformes et les fusils. Puis le mouvement cadencé des hommes qui marchent, le son de la musique, le bruit des tambours vous entraînent en quelque sorte malgré vous. Vous accompagnez les **soldats,** vous vous sentez emportés par une émotion que tous vos **camarades** partagent autour de vous.

C'est le **drapeau** de la France qui passe; c'est l'image de la **patrie** en armes, telle qu'elle serait si elle avait un jour besoin de vos bras. Si votre **mère** était menacée, si elle vous criait: « A moi, mes **enfants!** » de quel cœur n'iriez-vous pas à son secours ? Pensez à la France comme à la plus noble des **mères,** comme à une **mère** qui a souffert et dont les blessures ne sont pas guéries. Le jour où elle vous appellera, soyez prêts à marcher pour la défendre. Qu'aucun de vous n'ait la honteuse pensée de se soustraire à ce **devoir** sacré!

Le **soldat** doit à ses chefs une obéissance absolue. Cette soumission de l'inférieur au supérieur s'appelle la **discipline** et fait la force des armées. Une armée disciplinée, conduite par un bon chef, ressemble à un bon outil entre les mains d'un habile ouvrier. Le salut de quelques milliers d'hommes, le sort d'une nation dépendent quelquefois d'un ordre bien exécuté. Aussi les **lois** militaires punissent-elles justement la désobéissance des peines les plus sévères, et même, dans certains cas, de la peine de mort.

Il y a des moments où l'**obéissance** toute seule ne suffit pas. Dans la vie ordinaire, attendrons-nous un ordre pour secourir une personne qui se noie, un inconnu attaqué par des malfaiteurs, pour arracher au feu, si nous le pouvons, les victimes d'un incendie? Un instinct généreux, le plus noble instinct de l'âme humaine, nous crie d'exposer notre vie pour sauver nos semblables.

A la guerre, le **soldat** qui se jette au-devant du coup

« A moi, Auvergne, ce sont les ennemis! »

de feu ou du coup de sabre destiné à son capitaine, celui qui offre de traverser les lignes ennemies pour porter un ordre, fait plus qu'obéir: il donne l'exemple du dévouement. Le chevalier d'Assas, capitaine au régiment d'Auvergne, surpris par une colonne ennemie, au combat de Clostercamp, pouvait sauver sa vie en ne disant rien. Il cria de toute sa force : « A moi, Auvergne, ce sont les ennemis ! » et il tomba percé de coups. Le grand-père de Mirabeau, pendant une des campagnes des Français en Italie, défendit tout seul une tête de pont pour assurer la retraite de son régiment. En 1797, le général Dumas, grand-père de M. Alexandre Dumas, arrêta seul au pont de Clausen, dans le Tyrol, un escadron autrichien. Ceux qui se dévouent ainsi sont des héros dignes de l'admiration et de la reconnaissance de tous les Français.

Le **drapeau**, emblème de la **patrie**, est sous la

Le général Dumas arrêta seul un escadron autrichien.

garde de tous les soldats du régiment auquel il appartient. Ce serait un crime de l'abandonner ; à travers les balles et les éclats d'obus, au plus fort de la mêlée, chaque homme doit avoir les yeux fixés sur ce signe de ralliement. Si celui qui le tient tombe mort ou blessé, c'est à qui le reprendra des mains auxquelles il échappe. Les combats les plus acharnés se livrent pour le défendre. Souvent à la fin de la journée, il pend le long de la hampe, déchiré par la mitraille et teint du sang de ses défenseurs. Mais du moins il est sauvé, et avec lui est sauvé l'**honneur** du régiment. Ceux qui survivent le salueront avec orgueil.

Une des hontes de la capitulation de Metz, dans la guerre de 1870, fut d'avoir consenti à livrer nos *drapeaux* à l'ennemi, sans oser le dire nettement aux chefs de corps. Ceux d'entre eux qui eurent le soupçon de cette humiliation aimèrent mieux brûler les *drapeaux* de leurs régiments ou en partager les lambeaux entre leurs officiers que de les laisser partir pour l'Allemagne.

EXERCICES

Obligation pour tous de défendre la patrie qui appartient à tous. — Nécessité de la discipline dans l'armée. — Exemples de dévouement militaire. — N'y a-t-il pas des cas où l'obéissance ne suffit point, où le soldat doit se sacrifier volontairement pour le salut de son pays? — Obligation étroite de rester fidèle au drapeau.

Exemples.

I

Le 18 juin 1815, au pont d'Ouarre en Belgique, le porte-drapeau d'un régiment français, se voyant pris et blessé mortellement, jette, avant de mourir, son dra-

Laury veut remettre entre des mains françaises le drapeau de son régiment.

peau dans la rivière. Le soldat Laury saute à l'eau aussitôt, sous le feu de l'ennemi ; il ne lui suffit pas que le drapeau de son régiment ne soit pas pris, il veut le remettre entre des mains françaises; il le ressaisit et le rapporte sur l'autre rive au colonel Morisse.

(Rapport sur les prix de vertu, 1843.)

II

Aux pieds des remparts de Prague, lorsque les échelles d'escalade venaient d'être posées par les Français, Chevert, se tournant vers ses grenadiers, demanda quel était le brave à *trois poils* qui voulait monter le premier. Un sergent du régiment d'Alsace, nommé Pascal, sortit du rang. Alors s'engagea ce court dialogue : — « Tu veux monter le premier, camarade? — Oui, mon colonel. — Quand tu seras sur le mur, la

— Oui, mon colonel.

sentinelle va te crier : *Wer da?* (Qui va là?) — Oui, mon colonel. — Tu ne répondras rien. — Non, mon colonel. — Elle tirera sur toi. — Oui, mon colonel. — Elle te manquera. — Oui, mon colonel. — Tu la tueras. — Oui, mon colonel. »

Ce qui fut dit fut fait, et la ville de Prague fut prise.

III

Au moment de sortir de Missolonghi, pour essayer
de sauver la ville ou se faire tuer au milieu des Turcs,
Marco Botzaris, un des héros de la guerre de l'Indépendance en Grèce, passa près d'une petite chapelle où

— Priez pour l'âme de Botzaris. — Serait-il mort? — Il va mourir.

le service divin se célébrait. Il y entra avec plusieurs de
ses soldats, se mit en prière et, en se retirant, déposa
quelques pièces d'or dans la main d'un des prêtres. « Voici
pour les pauvres, lui dit-il; priez pour l'âme de Botzaris. — Grand Dieu! serait-il mort ? s'écria le prêtre qui
ne le connaissait que par le bruit de ses exploits. —
Non, répondit Botzaris; il va mourir. »

IV

Le 26 août 1870, Metz était bloqué par l'armée allemande. On cherchait à communiquer avec le dehors. Un tailleur de Vaux, réfugié à Metz, offrit de traverser les lignes ennemies ; le lendemain il était à Verdun, et le 30 il rentrait dans Metz. Ce héros inconnu s'appelait Macherez. Il n'était pas soldat ; rien ne l'obligeait à se dévouer ainsi. Mais il aimait son pays et c'est pour le sauver que, cinq jours de suite, il risquait sa vie cent fois par jour au milieu des sentinelles et des patrouilles prussiennes.

François Debergue.

V

Les Allemands établis à Bougival, au mois de septembre 1870, avaient relié leur poste à Versailles par un fil électrique. Le lendemain, le fil était coupé ; posé de nouveau, il fut de nouveau coupé. C'était un jardinier, nommé François Debergue, qui le coupait avec son sécateur. Pris et amené devant une commission militaire, il ne nia point : « Pourquoi avez-vous fait cela? lui demanda-t-on. — Parce que vous êtes nos ennemis. — Le ferez-vous encore? — Oui. — Pourquoi? — Parce que je suis Français. » Il fut condamné à mort. L'officier chargé de l'exécution demanda un mouchoir pour lui bander les yeux. « J'en ai un dans ma poche, prenez-le, » dit tranquillement François Debergue. Quelques instants plus tard, il était mort.

III

L'IMPÔT

Presque tous les avantages dont vous jouissez dans votre commune viennent de **l'impôt**. Si vous avez une mairie, une maison d'école, des routes, des chemins vicinaux, des ponts, c'est que l'**État** ou la **commune** demandent à chaque citoyen de contribuer à ces dépenses d'intérêt général. Comme tout le monde en profite, chacun est tenu d'en payer une partie. C'est **l'impôt** qui permet à l'**État** d'entretenir une armée pour vous défendre, des magistrats pour vous rendre la justice, des gendarmes et une police pour vous protéger contre les malfaiteurs.

Considérez donc **l'impôt** comme une dette, comme la représentation de ce que vous devez à l'**État**, en échange des services qu'il vous rend. Soyez certains, d'ailleurs, qu'il est réparti avec une justice scrupuleuse. Ce sont vos représentants qui le votent et qui en surveillent l'emploi. Vous le payerez de bon cœur et sans murmurer. Quelquefois le sacrifice est dur à faire : l'année a été mauvaise, le travail chôme, l'argent est rare. Mais dites-vous que l'**État** ne peut interrompre son œuvre de protection.

Si vous ne lui donniez pas l'argent que vous lui devez, pourrait-il encore entretenir vos maisons d'école, vos routes, vos canaux, payer l'armée, suffire aux besoins des grands services publics dont l'action bienfaisante se fait sentir jusque dans les plus petites communes? Si l'**impôt** cessait d'être acquitté, la vie s'arrêterait, en quelque sorte, sur toutes les parties du territoire. Ce danger n'est pas à craindre; mais il y a une tendance fâcheuse à laquelle il faut résister. Tous les impôts ne s'acquittent pas directement chez les percepteurs. Si vous faites chez un notaire une fausse déclaration, si vous introduisez en France des produits étrangers, par contrebande, sans payer les droits de douanes, vous fraudez l'**État**.

Il y a des gens qui ne prendraient pas un sou à un particulier, mais qui croient qu'on ne vole rien quand on vole l'**État**. Ils se trompent. Leur fraude fait du tort à tous leurs concitoyens. Il faudra retrouver, par l'augmentation de l'**impôt** de chacun l'équivalent de la somme dont ils auront frustré le trésor public.

EXERCICES

A quoi sert l'impôt? — Quels sont les services quel État rend à chaque citoyen en échange de l'impôt? —

Quel tort fait-on à tous ses concitoyens lorsqu'on fraude l'État?

IV

LE VOTE

Il doit être libre, consciencieux, éclairé, desintéressé.

Chaque Français étant **électeur** à l'âge de vingt et un ans, vous avez le **devoir** de vous faire inscrire sur la liste électorale de votre commune. Une fois inscrits, vous devez voter, lorsque arrive le moment des élections. Celui qui ne vote pas néglige à la fois ses propres intérêts et ceux du pays. Si les affaires de la **commune,** du **département** ou de l'**État** sont mal administrées, il aura probablement à en souffrir dans sa fortune personnelle. Tant pis pour lui! Il n'aura pas le droit de se plaindre, puisqu'il ne se sera pas servi du bulletin de vote que la loi mettait entre ses mains pour lui permettre de choisir de bons **conseillers municipaux,** de bons **conseillers généraux,** de bons **députés.**

Le **vote** doit être absolument **libre.** L'électeur ne doit céder à aucune tentative d'intimidation ou de corruption. Ceux qui essayeraient de l'intimider ou de le corrompre seraient passibles d'une **peine** prévue par la **loi.**

Si l'**électeur** veut remplir tout son **devoir,** il ne s'inspirera que de sa conscience. Il choisira, parmi ceux qui représentent son opinion politique, les hommes les plus honnêtes et les plus capables.

Il cherchera pour cela à bien connaître les **candidats,** et il ne se décidera à voter pour eux qu'après avoir été aussi éclairé que possible sur leurs sentiments et sur leurs aptitudes.

Il faut en même temps qu'il soit désintéressé, qu'il ne choisisse jamais un **candidat** parce qu'il est son ami, son parent, ou parce qu'il attend de lui quelque service. Ce serait sacrifier l'intérêt public à l'intérêt personnel.

Ne transportons pas nos affections ou nos besoins dans des questions d'un intérêt général. Il nous est assurément permis d'**aimer** et d'**obliger** nos **amis** et nos **parents,** rien de plus légitime. Mais nous pouvons les dédommager dans la vie privée et leur rendre d'autres services que des services politiques.

EXERCICES

Quels sont les devoirs de l'electeur? — Quelles sont les tentations et les seductions auxquelles il doit resister?

CHAPITRE II

Droits qui correspondent aux devoirs du citoyen.

1

LIBERTÉ INDIVIDUELLE

Si chaque **citoyen** a des **devoirs,** il a en même temps des **droits.** En échange du **service militaire,** auquel nous sommes astreints, de l'**impôt** que nous sommes tenus de payer et des autres obligations qu'il nous impose, l'**État** nous doit de protéger notre **liberté** individuelle. Nous ne pouvons être arrêtés et emprisonnés que dans des cas prévus par la loi, selon les formes qu'elle a prescrites.

La **liberté** d'un seul citoyen est aussi sacrée que celle de plusieurs; la **liberté** du citoyen le plus pauvre, aussi sacrée que celle du plus riche.

L'État nous garantit également la **liberté de conscience,** le libre exercice de notre culte. Aucun Français ne peut être inquiété pour ses opinions religieuses ou philosophiques.

La **liberté** de travail et d'association ne nous est pas moins assurée.

Chacun de nous peut choisir le métier qu'il préfère, fixer lui-même le prix de son travail, travailler seul ou avec d'autres, suivant sa convenance. Des milliers de maisons de commerce ou d'établissements industriels sont fondés sur le principe de l'association.

La **propriété** est **inviolable.** Nul ne peut être exproprié que pour cause d'utilité publique, en vertu d'une **loi,** et sous la condition d'une juste et préalable indemnité.

Notre sécurité, notre vie, nos biens sont placés sous la protection de la **loi.** L'officier de police, le gendarme, le garde champêtre, sont des défenseurs que l'État nous donne.

Grâce à leur vigilance, nous pouvons vivre en paix. Nous savons qu'en tout temps, à toute heure, un pouvoir protecteur veille sur nous. Le plus modeste **citoyen** n'est pas isolé. Il sent au-dessus de lui un ensemble d'institutions tutélaires qui le défendraient s'il était attaqué dans sa vie ou dans ses biens.

Chacun se trouve ainsi sous la garde de **tous.** C'est le dédommagement auquel **chacun** a droit en compensation des sacrifices que chacun accepte en faveur de **tous.**

EXERCICES

Quels sont les droits de chaque citoyen ? — Qu'est ce que la liberté individuelle ? — Qu'entend on par la liberté de conscience ? — En quoi consiste la liberté du travail? — Quelle est la garantie de notre sécurité? — Par qui sont protégés notre vie et nos biens?

II

SOUVERAINETÉ NATIONALE. — SUFFRAGE UNIVERSEL

Il n'y a aujourd'hui en France d'autre **souverain** que l'ensemble de la nation. La souveraineté nationale appartient à tous les **électeurs;** tout Français, à partir de vingt et un ans, fait partie de la souveraineté nationale.

Cette souveraineté s'exerce par le **suffrage universel. Les électeurs** choisissent des **conseillers municipaux**, des **conseillers généraux,** des **députés,** auxquels ils délèguent leurs pouvoirs.

La **nation** est donc l'unique maîtresse de ses destinées. C'est elle-même qui choisit librement ceux qui la gouvernent. La bonne ou la mauvaise direction des affaires dépend des choix que feront les électeurs.

Il y a là pour le pays la meilleure garantie de sécurité.

Il n'a qu'à vouloir, il sera représenté comme il lui convient de l'être. Si ses représentants manquaient aux engagements qu'ils ont pris envers lui, il serait libre de ne pas les renommer. Le dernier mot lui appartient toujours.

Sous le **gouvernement républicain,** avec l'exercice du **suffrage universel,** aucune erreur n'est irréparable. Si les **électeurs** se sont trompés dans leur choix, ils n'ont qu'à attendre de nouvelles élections et à changer leurs représentants.

Cette menace toujours suspendue sur la tête des **élus** suffit en général à les maintenir en communauté d'idées avec leurs **électeurs.** En cas de dissentiment, les **électeurs** restent les maîtres et, sans secousse, sans violence d'aucune sorte, sont assurés de faire toujours à la fin triompher leurs opinions.

Sous un tel régime définitivement établi, les **révolutions** ne sont pas à craindre. On ne peut plus compter sur la force pour trancher les questions. Chaque citoyen tient dans son bulletin de vote sa part d'influence et de souveraineté. S'il est vaincu dans une **élection**, si le **candidat** de son choix ne réussit pas, il lui reste toujours la ressource d'en appeler, au bout de peu d'années, à une élection nouvelle. Chacun peut espérer avoir son tour; chaque **citoyen** est ainsi intéressé peu à peu à la conservation d'un ordre de choses qui lui réserve la possibilité de faire prévaloir ses idées politiques.

Sous le régime du **suffrage universel,** librement exercé, il n'y a plus de place que pour des conservateurs. Quelle est la minorité qui oserait changer la forme du gouvernement par la violence, substituer ses passions à la volonté, à la **Souveraineté nationale ?** Puisqu'elle peut devenir par le vote la **majorité** de demain, de quel droit s'imposerait-elle avant l'heure, tant qu'elle est la **minorité ?** Et si elle osait recourir à la force, avec quelle autorité le gouvernement n'écraserait-il pas l'insurrection d'un **seul** ou de **quelques-uns** contre **tous ?**

EXERCICES

A qui appartient la souveraineté nationale ? — Quelles sont les garanties que donne à chacun le suffrage universel ? — Comment l'exercice du suffrage universel peut-il développer l'esprit conservateur et prévenir toute révolution ?

III

EXPLICATION DE LA DEVISE RÉPUBLICAINE

Liberté, Égalité, Fraternité.

La devise républicaine résume les **principes** de 1789. L'article premier de la **Déclaration** des droits de l'homme établit que les hommes naissent et demeurent libres et égaux en droits. « La **liberté** consiste à pouvoir faire tout ce qui ne nuit pas à autrui. » La limite de votre **liberté** c'est la **liberté** des autres. Si vous les gênez, si vous leur nuisez, vous touchez à un **droit** qui leur appartient.

Vous pouvez disposer de votre temps, de votre personne, de votre bien ; rester dans votre pays ou n'y pas rester ; choisir votre métier ou votre profession, fixer le prix de votre travail, travailler **seul** ou avec **d'autres** ; acheter, vendre ou échanger ; parler, écrire, imprimer, vous réunir. Voilà des **droits** dont vous jouirez librement, mes enfants, lorsque vous serez des **hommes,** lorsque vous aurez atteint l'âge, de votre **majorité.**

L'exercice de ces **droits** naturels n'a de bornes que celles qui assurent à chaque *citoyen* la jouissance des mêmes droits. C'est la **loi** qui règle ces limites. Votre **liberté** sera donc réglée par la **loi,** protectrice des **droits** de chacun.

Si vous voulez empêcher votre voisin de travailler, si vous lui prenez ce qui lui appartient, si vous faites des dégâts dans sa propriété, si vous le trompez dans un marché, vous ne faites plus acte de **liberté**; vous portez atteinte au **droit** et à la **liberté** d'autrui. Vous vous exposez alors à toute la sévérité de la **loi.**

La **loi** est la même pour tous et c'est devant la **loi** que tous les **hommes** sont **égaux,** en vertu des principes de 1789. Ils sont également admissibles à toutes dignités, places et emplois publics, selon leurs capacités, et sans autre distinction que celle de leurs vertus et de leurs talents.

Il y a certainement des différences qui subsisteront toujours; il y a des paresseux et des travailleurs, des gens honnêtes et des gens malhonnêtes, des **pauvres** et des **riches.**

Mais tous, **pauvres** et **riches,** ont les mêmes **droits** et les mêmes **devoirs. Le riche** qui commet un crime est soumis aux mêmes juges que le **pauvre.** Le **pauvre** qui réclame justice comparaît devant le même tribunal que le **riche.**

Le bulletin de vote déposé dans l'urne par le **riche** n'a pas plus de valeur que le bulletin déposé par le **pauvre.** Le fils de l'ouvrier et du paysan peut arriver à la fortune et aux honneurs aussi bien que le fils du rentier ou du fonctionnaire. Beaucoup de nos généraux, de nos négociants, de nos savants sont sortis de la charrue ou de l'atelier. Ce qui les a portés au premier rang, ce n'est ni la naissance ni la richesse de leur famille, c'est bien leur mérite et leur travail.

Si **tous** les **hommes** sont **égaux,** ils doivent en même temps se considérer comme des **frères.** La **fraternité** est le plus beau mot de la devise républicaine. Elle nous rappelle que nous sommes des **enfants** de la même **mère,** que nous devons nous **aimer** les uns les autres. N'appartenons-nous pas tous à cette grande famille qui s'appelle la France? Pouvons-nous voir souffrir un Français sans lui tendre une main fraternelle, sans le relever et le consoler? Les malheurs qui touchent un de nos concitoyens sont une partie de nos malheurs; ses joies une partie de nos, joies.

Riches, ne refusez jamais votre aide à celui qui la réclame; **pauvres,** n'enviez jamais la fortune du **riche.** Rapprochez-vous par le cœur, par l'**amour** de la **patrie** commune. Songez qu'elle a besoin de tous ses **enfants;** que les uns lui apportent une portion de leurs richesses, les autres leur part de dévouement, de travail, de sacrifices et que tous ensemble nous l'aimions d'un même amour, nous la servions d'un même cœur ! Divisés, nous ne pourrions rien pour elle, nous déchirerions ses entrailles. C'est notre union, notre fraternité qui lui conservera sa grandeur et lui rendra ce qu'elle a perdu.

EXERCICES

En quoi consiste la liberté? —Quelles sont les limites de la liberté? — A quoi reconnaît-on que les Français sont égaux? — Quels sont les devoirs auxquels nous oblige la fraternité?

Exemples.

Deux chevaux attelés à une voiture de maître s'étaient emportés ; ils descendaient la côte d'Heumont à toute bride et allaient précipiter dans un ravin la jeune propriétaire du château, qui poussait des cris de frayeur en serrant dans ses bras ses deux petits enfants. Michel, le journalier, qui sortait de son travail, la bêche sur l'épaule, vit venir la voiture, entendit les cris et, sans hésiter, se jeta à la tête des chevaux, qui l'entraînèrent pendant une centaine de pas en le meurtrissant, mais qu'il réussit enfin à arrêter. Il avait exposé sa vie

Voilà un noble exemple de fraternité

pour sauver la vie de plusieurs créatures humaines. Voilà un noble exemple de fraternité. C'était un pauvre, il avait besoin de ses deux bras pour élever ses enfants et nourrir sa famille ; il ne devait rien à la jeune femme qu'il venait d'arracher à la mort, qui ne connaissait peut-être même pas son nom, et cependant il n'avait pas eu une minute d'hésitation. Son cœur avait parlé plus haut que l'instinct de la conservation et l'intérêt personnel.

Quelques années plus tard, un enfant de Michel

tomba malade. Ce fut le tour de la propriétaire du château, de la belle et riche madame Martin, de montrer qu'elle aussi comprenait le sentiment tout-puissant de la fraternité. Quoique la maladie fût contagieuse, elle s'installa au chevet de l'enfant et ne le quitta qu'après l'avoir guéri. Elle ne crut pas néanmoins avoir payé sa dette par un acte de dévouement isolé. Elle vient de créer dans la commune un hospice pour les vieillards, et elle a décidé que chaque jour elle ou un de ses enfants iraient les visiter ou les soigner au besoin.

Voilà comment la fraternité du riche répond à la fraternité du pauvre. Beaucoup d'hôpitaux et d'institutions de bienfaisance ont été créés ainsi, sur toute la surface du territoire, par la charité privée. Il y a de nobles cœurs qui ne peuvent accepter la richesse qu'à la condition d'en faire profiter ceux qui souffrent, qui veulent se survivre à eux-mêmes par leurs bienfaits et justifier l'inévitable inégalité des fortunes par l'usage généreux qu'ils font de la leur.

Et chez les pauvres, que d'exemples touchants de la fraternité humaine ! que de fois, lorsqu'un ouvrier meurt, sa veuve, ses enfants sont recueillis par ses camarades d'atelier ! Chacun se prive un peu pour faire une place aux pauvres orphelins. On les aime, on les élève, on les nourrit, on leur apprend un métier et on les conduit jusqu'au jour où ils peuvent eux-mêmes gagner leur vie. On a vu des mères qui avaient déjà six enfants en adopter un septième. « Quand il y en a pour six, il y en a pour sept, dit le proverbe populaire. » C'est ainsi que cette généreuse population française, simplement, modestement, sans avoir même l'air de se douter du sacrifice qu'elle fait, sait comprendre et pratiquer la fraternité.

CHAPITRE III

L'organisation politique, administrative et judiciaire de la France.

I

LA COMMUNE, LE MAIRE, LE CONSEIL MUNICIPAL

Vous connaissez, mes enfants, vos **devoirs** envers la **patrie,** envers l'**État;** vous savez que vous êtes les membres d'une grande **famille.**

Cette grande **famille,** apprenez maintenant à la connaître toute entière.

Elle se compose de différents **éléments;** examinons-les en remontant du plus petit et du plus simple au plus considérable.

L'**élément** le plus simple de la **société,** c'est l'**individu,** c'est vous, moi, mes parents, mon frère, mon voisin. Au-dessus de l'**individu** vient la **famille,** la réunion du **père,** de la **mère,** des **enfants.** Un certain nombre de **familles** réunies forment la **commune.**

La **commune,** dont les limites sont fixées par la **loi,** comprend une certaine étendue de terrain habitée par des **citoyens** qui ont les mêmes **droits** et les mêmes **obligations.**

Tous ensemble forment une unité, la plus petite des divisions administratives.

La **commune** agit comme une personne morale, comme une personne civile; elle peut acquérir et posséder des biens; elle entretient les édifices qui lui appartiennent, la mairie, l'école, l'église, le presbytère, le cimetière; elle entretient aussi les chemins vicinaux.

Une partie du traitement de l'instituteur est à sa charge.

Outre les revenus qu'elle peut avoir, elle touche, pour suffire à ces dépenses une portion de **l'impôt**, et quelques contributions qu'elle prélève sur les habitants.

Les affaires de la commune sont administrées par le **conseil municipal.**

Les **conseillers municipaux** sont élus pour trois ans par le suffrage universel.

Le conseil est présidé par le **maire,** assisté d'un ou de plusieurs **adjoints.** Le **maire** fait exécuter les décisions du **conseil,** lorsque ces décisions ont été approuvées par le **préfet;** c'est lui qui vend, qui achète, qui loue, qui entreprend des travaux, qui au besoin soutient des procès comme chef et représentant de la commune.

Le **maire** est officier de l'état civil. Il fait inscrire sur les registres de la mairie les déclarations de naissance et de mort. Il célèbre les mariages. Il est également chargé de tout ce qui intéresse la sûreté et la tranquillité de la voie publique.

La **police** des rues lui appartient; car c'est lui qui nomme les agents de la **police** municipale et qui leur donne des ordres. La **police** des champs lui appartient aussi; c'est lui qui présente le garde-champêtre à la nomination du préfet et qui répond, par conséquent, de la valeur de ce fonctionnaire.

Choisi par les **conseillers municipaux,** le

maire représente les intérêts de la **commune** auprès du **gouvernement.**

Mais il est en même temps le représentant du **gouvernement** auprès de la **commune.** En cette qualité il a le devoir de faire publier et exécuter les lois.

C'est par son intermédiaire que la **commune** la plus petite et la plus écartée de France participe à la vie générale de la **nation.**

Le pouvoir central ne décide rien qui ne soit immédiatement porté à la connaissance de tous les habitants du territoire. Un lien étroit se maintient toujours ainsi entre les extrémités les plus éloignées du pays et le centre d'où partent les ordres.

EXERCICES

Qu'est ce que la commune? — Quelles sont les charges et les ressources de la commune? — Par qui la commune est elle administrée ? — Comment sont elus les conseillers municipaux? — Par qui le maire est il choisi? — Quelles sont les fonctions du maire? — Rapports entre le maire et le gouvernement.

II

LE DÉPARTEMENT, LE PRÉFET, LE CONSEIL GÉNÉRAL

De même que la réunion de plusieurs **familles** forme une **commune,** la réunion de plusieurs **communes** forme un **canton.** Plusieurs **cantons** composent un **arrondissement,** plusieurs **arrondissements** composent un **département.**

Au chef-lieu d'arrondissement réside le **sous-préfet;** au **chef-lieu** de département réside le **préfet.** Tous deux représentent l'**État** et sont nommés par le **gouvernement.** Le **préfet** dirige les affaires du **département,** dont il est le premier magistrat. De même que le **maire** représente à la fois la **commune** et le **gouvernement,** le **préfet** a la double charge de représenter le **département** et l'**Etat.**

Comme représentant de l'**Etat,** il veille à l'exécution des **lois.** En ce qui concerne le **département,** son administration s'exerce sous le contrôle du *conseil général.*

Le **conseil général** se compose d'autant de **conseillers généraux** qu'il y a de **cantons** dans le **département.** Les représentants de tous les **cantons** élus par le **suffrage universel,** comme les **conseillers municipaux,** se réunissent deux fois par an, à des dates fixées par la **loi.** Leurs pouvoirs sont étendus. Ce sont eux qui classent les routes départementales et les chemins de grande communication. Ils répartissent entre les **arrondissements** les contributions directes, ils fixent le chiffre des dépenses et votent le budget du **département.**

Grâce à cette organisation, le **département,** comme la **commune,** jouit de tous les droits d'une personne morale et d'une personne civile. Il achète, il vend, il loue, il fait construire. Le préfet agit en son nom sous le contrôle du **conseil général,** de même que le **maire** agit, au nom de la **commune,** sous le contrôle du **conseil municipal.**

Le **préfet** est le supérieur des **maires,** avec lesquels il communique en général par l'intermédiaire des **sous-préfets.** Les **sous-préfectures** ont été instituées pour faciliter les rapports des **maires** et de l'**administration.** La présence du **sous-pré-**

fet au **chef-lieu d'arrondissement** évite souvent aux **maires** les déplacements longs et coûteux qu'exigerait une visite au **chef-lieu du département.** Dans la plupart des cas il leur est plus facile d'aller trouver le **sous-préfet** que d'aller trouver le **préfet.**

Autour du **sous-préfet** se réunissent donc deux fois par an les **conseillers d'arrondissement.** Chaque canton élit un ou plusieurs conseillers d'arrondissement. Ceux-ci donnent des avis, émettent des vœux, mais ne peuvent voter aucune dépense, l'**arrondissement** n'ayant pas de budget comme la **commune** et le **département** en ont un.

EXERCICES

Qu'est ce que le département? — Quelles sont les attributions du préfet? — Quel rôle joue le conseil général? — Les sous préfets? — Le conseil d'arrondissement?

III

L'ÉTAT, LE POUVOIR LÉGISLATIF, LE POUVOIR EXÉCUTIF,
LA JUSTICE

Au-dessus de la **commune,** du **canton,** de l'**arrondissement,** du **département,** s'élève une puissance que vous entendez souvent nommer, mes enfants, qui s'appelle l'**État** et qui représente la volonté de l'ensemble des **citoyens,** la **Souveraineté nationale.**

L'**État** comprend trois pouvoirs distincts : le **pouvoir législatif,** représenté par les **Chambres,** qui font les **lois;** le **pouvoir exécutif,** représenté par le **Président de la République** et par les

ministres, qui font exécuter les **lois,** enfin le **pouvoir judiciaire,** qui punit la violation des **lois** et règle les différends entre les particuliers.

La séparation de ces trois pouvoirs est nécessaire. Là où ils seraient confondus, la **liberté** serait en danger. Si le **pouvoir exécutif** faisait les **lois,** il serait tout-puissant. Il exercerait une action tyrannique, sans contrôle et sans contre-poids.

Si le **pouvoir législatif** faisait exécuter les **lois,** c'est lui qui à son tour deviendrait tout-puissant et ferait peser sur le pays une domination non moins dure que celle d'un seul, la domination de plusieurs.

Le **pouvoir judiciaire** doit être également distinct des deux autres. Si le **droit** de juger était joint au **pouvoir législatif,** quelle serait la garantie des citoyens? Le **juge** qui ferait la **loi** pourrait être entraîné par ses passions contre les personnes, tandis qu'en se bornant à l'appliquer, il est enchaîné par un texte dont il n'est point l'auteur et qui défend chacun contre lui.

Si le **droit** de juger appartenait au **pouvoir exécutif,** ce **droit** pourrait devenir entre ses mains un terrible instrument d'oppression. Il faut au contraire que le **pouvoir judiciaire** soit absolument distinct et indépendant du **pouvoir exécutif.**

Le juge est nommé par le gouvernement, mais le gouvernement ne lui dicte pas ses arrêts. Il ne relève que de sa conscience.

EXERCICES

Quels sont les trois pouvoirs publics? — Quel est le rôle du pouvoir législatif? — Quel est celui du pouvoir exécutif? — En quoi consiste le pouvoir judiciaire? — Pourquoi ces trois pouvoirs doivent-ils être séparés?

IV

LA CONSTITUTION, LE PRÉSIDENT DE LA RÉPUBLIQUE, LE SÉNAT, LA CHAMBRE DES DÉPUTÉS

On appelle **Constitution** l'ensemble des règles qui organisent les **pouvoirs publics** et qui fixent les rapports de ces **pouvoirs** entre eux.

La France est régie par la **Constitution** de 1875.

Aux termes de cette **Constitution,** le **chef de l'État** est le **Président de la République.** Il est élu pour sept ans, à la majorité absolue des suffrages, par le **Sénat** et par la **Chambre des députés** réunis en **congrès.**

Le **Président de la République** a le droit de prendre l'initiative des projets de **loi** et de les faire présenter aux **Chambres** par ses **ministres.** Quand les **lois** ont été votées par les **Chambres,** c'est lui qui les promulgue et qui, par décrets, en assure l'exécution. — Il nomme les ministres. — Il convoque les collèges électoraux. — Il convoque les **Chambres** et prononce la clôture des sessions. — C'est auprès de lui que sont accrédités les ambassadeurs des puissances étrangères. — Il a le droit de faire grâce.

Chacun des actes du **Président de la République** doit être contresigné par un **ministre.**

Les **ministres** réunis forment un **conseil** qui s'appelle le **ministère** ou le **cabinet.**

Un des ministres est président du conseil. C'est lui qui, en l'absence du **Président de la République,** préside aux délibérations du **cabinet.**

Si le pouvoir exécutif appartient au **Président**

de la République et aux **ministres,** le pouvoir législatif appartient aux deux **Chambres,** au **Sénat** et à la **Chambre des députés.**

Le Sénat se compose de 300 membres : 225 élus par les départements et les colonies, 75 élus par le **Sénat** lui-même. Ces derniers **sénateurs,** nommés à vie, sont désignés sous le nom d'inamovibles.

Les **sénateurs** des départements et des colonies sont élus par un corps électoral composé : 1° de tous les **députés,** de tous les **conseillers généraux** et de tous les **conseillers d'arrondissement** du **département ;** 2° d'un délégué de chaque **commune** du **département** élu par le **conseil municipal** de cette **commune.**

Le **Sénat** a l'initiative et le vote des **lois** comme la **Chambre des députés.**

Seulement les **lois** de finance doivent d'abord être votées par la **Chambre des députés,** avant d'être présentées au **Sénat.**

La **Chambre** se compose de 557 députés élus directement par le **suffrage universel.**

Il y a un **député** au moins par **arrondissement ;** les **arrondissements** dont la population dépasse 100,000 habitants ont un député de plus par 100,000 habitants ou fraction de 100,000 habitants.

La **Chambre des députés** et le **Sénat** discutent et votent successivement le budget de l'Etat, de même que le **conseil municipal** vote le budget de la **commune** et le **conseil général** le budget du **département.**

Les **Chambres** discutent également les projets de **loi** qui leur sont présentés par leurs membres ou par les **ministres.**

Ce sont elles, par conséquent, qui font la **loi**. La **loi** est une règle posée par les **Chambres**. Chaque **citoyen** est tenu d'y **obéir**, après qu'elle a été publiée et promulguée, c'est-à-dire portée à la connaissance de tous.

La **loi** étant l'œuvre des **élus** de la **nation**, des **représentants** de la **souveraineté nationale**, y **désobéir**, c'est se révolter contre la **majorité** des citoyens, c'est-à-dire contre la volonté même de la France.

V

L'ADMINISTRATION CENTRALE

L'administration centrale, qui agit au nom de l'**État**, comprend les différents **ministères**. Chaque **ministère** répond à un des grands intérêts du pays. Il y a autant de **ministères** que de grands services publics.

Le **ministre** de l'intérieur a sous ses ordres les **préfets**, qui administrent les **départements**. C'est par leur intermédiaire qu'il fait pénétrer dans les plus petites **communes** les décisions et les instructions du **gouvernement**. Ce sont eux qui l'informent de ce qui se passe sur les différents points du territoire. La direction de la sûreté générale dépend du **ministère** de l'intérieur.

Le **ministre** de l'instruction publique a dans ses attributions tout ce qui concerne **l'enseignement.**

Le **ministre** de la justice, ou garde des sceaux, dirige l'administration judiciaire. Tous les magistrats relèvent de lui.

Les **cultes** ont été rattachés tantôt au **ministère** de l'instruction publique, tantôt à celui de la Justice ; quelquefois même ils ont fait partie du **ministère** de l'intérieur. Les **cultes** que reconnaît l'État en France sont le **culte** catholique, le **culte** protestant, le **culte** israélite.

Les **beaux-arts** dépendent en général du **ministère** de l'instruction publique. Il suffit de nommer les autres **ministères** pour indiquer les grands services auxquels ils correspondent : ce sont la **guerre,** la **marine** et les **colonies,** les **finances,** les **travaux publics,** le **commerce,** l'**agriculture,** les **postes** et **télégraphes,** les **affaires étrangères.**

Le **conseil d'État** complète l'**administration centrale.** C'est un corps considérable qui donne son avis sur toutes les questions administratives et sur tous les projets de **loi** qui lui sont soumis par les **ministres.** Le gouvernement est obligé par la **loi** de le consulter sur les règlements d'administration publique. Les membres du **conseil d'État** sont nommés par le gouvernement.

EXERCICES

Quels sont les différents ministères? — A quel grand service public correspond chaque ministère? — Le conseil d'État.

VI

L'ADMINISTRATION DÉPARTEMENTALE ET COMMUNALE

Nous avons déjà vu, lorsque nous avons parlé du **département** et de la **commune,** en quoi consiste l'**administration départementale** et **communale.** Nous avons dit quel est le rôle du **préfet** dans le **département,** celui du **sous-préfet** dans l'**arrondissement,** celui du **maire** dans la **commune.** Nous avons également indiqué les attributions du **conseil général** et du **conseil d'arrondissement.**

Ces deux **conseils** sont élus par le **suffrage universel.** Un troisième **conseil,** dont les membres sont nommés par le gouvernement, le **conseil de préfecture,** assiste le **préfet.** Il y a certaines affaires sur lesquelles le **préfet** est obligé de consulter le **conseil de préfecture ;** il y en a d'autres sur lesquelles il ne le consulte que s'il croit avoir besoin d'un avis.

Le **conseil de préfecture** joue auprès du **préfet** le rôle que joue le **conseil d'État** auprès du **gouvernement.**

Chaque préfet a auprès de lui un secrétaire général auquel il peut déléguer momentanément tout ou partie de ses attributions

EXERCICES

Quelle différence y a-t-il entre le conseil général, le conseil d'arrondissement et le conseil de préfecture?

VII

LES DIVERSES AUTORITÉS

A côté du **préfet** et du **sous-préfet,** il y a des **autorités** civiles ou militaires qui résident dans certaines villes. Partout où siège une **cour d'appel,** la magistrature a pour chefs un **premier président** et un **procureur général.** Dans les résidences moins importantes, c'est le **président de tribunal** et le **procureur de la République** qui tiennent le premier rang, parmi les **magistrats.**

Les services de l'**instruction publique** sont répartis entre seize académies. Au siège de chaque académie réside le **Recteur,** qui a sous ses ordres un **inspecteur d'académie** par **département.**

Chaque **évêque** relève dans son diocèse d'un **archevêque** dont l'autorité s'étend sur une circonscription religieuse déterminée.

Chacun des dix-huit corps d'armée entre lesquels se partage le territoire de la France a pour chef un **général de division** investi du commandement supérieur. Le **commandant du corps d'armée** a sous ses ordres des **généraux de division** et des **généraux de brigade.**

Dans nos cinq ports militaires, à Brest, à Cherbourg, à Lorient, à Rochefort, à Toulon, le ministre de la marine est représenté par un officier général de l'armée de mer, par un vice-amiral ou un contre-amiral qui prend le titre de **préfet maritime.**

EXERCICES

Quels sont les premiers magistrats d'une cour d'appel? — Quel est le chef de chaque académie? — Quel est le grade de l'officier général qui commande un corps d'armée? — Qu'est-ce qu'un préfet maritime?

VIII

LA JUSTICE CIVILE ET PÉNALE

La **justice civile** juge les contestations et les procès entre particuliers. Si vous êtes en désaccord avec votre voisin sur la limite d'un champ, si vous lui reprochez de vous causer quelque dommage ou de porter atteinte à votre droit de propriété, vous le citez en général devant le **juge de paix.** Le **juge de paix** cherche à vous mettre d'accord et tâche d'amener entre vous une **conciliation.** Il y réussit souvent. Lorsqu'il n'y réussit pas et lorsqu'il prononce un jugement contre l'une des deux parties, la personne condamnée peut en appeler devant le **tribunal de première instance.** Les choses se passent ainsi lorsqu'il s'agit d'une somme inférieure à 100 fr. Si l'affaire a plus d'importance, on s'adresse tout de suite au **tribunal** sans passer par la **justice de paix.** Le **tribunal** prononce; mais au-dessus de 1,500 fr., on peu en appeler de sa décision devant la **cour d'appel.**

Vous le voyez, mes enfants, toutes les garanties sont prises pour que justice soit rendue à chacun : sauf pour les affaires de peu d'importance, il y a au moins deux degrés de juridiction. La décision du premier **juge** ne devient définitive qu'après avoir été portée devant un second **tribunal.**

Encore pourrait-on aller jusqu'au tribunal suprême,

jusqu'à la **Cour de cassation,** dans le cas où l'on croirait que l'on a été condamné par un **tribunal** incompétent ou que la **loi** a été mal interprétée.

La **justice criminelle** est rendue par les **juges de paix,** quand il s'agit de simples contraventions, par les **tribunaux de première instance,** quand il s'agit de délits. C'est ce qu'on appelle la **juridiction de police** dans le premier cas, la **juridiction correctionnelle** dans le second. Là encore toutes les précautions sont prises pour la défense des accusés. Sauf dans les cas de peu d'importance, on peut en appeler de la décision du **juge de paix** devant le **tribunal** et du jugement du **tribunal** devant la **cour d'appel.**

Les crimes sont jugés par la **cour d'assises.** Ici l'accusé est placé sous la protection de douze citoyens tirés au sort. Ces citoyens, appelés **jurés,** absolument impartiaux et désintéressés, se prononcent en toute liberté de conscience. Ils déclarent par **oui** et par **non** si l'accusé est innocent ou coupable et si, dans ce dernier cas, il existe en sa faveur des circonstances atténuantes.

Le magistrat qui préside les assises, entouré de deux autres magistrats, prononce l'acquittement ou applique la peine d'après le verdict du jury. Une dernière garantie est accordée à l'accusé par le droit qu'il a d'en appeler à la **Cour de cassation,** s'il y a eu dans la procédure quelque vice de forme.

EXERCICES

Quels sont les différents degrés de la justice civile ? — Le juge de paix, — Le tribunal de première instance. — La cour d'appel. — La Cour de cassation, — La justice criminelle, — Qu'est-ce que le juge ?

IX

L'ENSEIGNEMENT. — SES DIVERS DEGRÉS

Il y a trois degrés d'**enseignement : L'enseignement primaire, l'enseignement secondaire, l'enseignement supérieur.**

L'enseignement primaire est celui que vous recevez, mes enfants, celui que donnent dans les **écoles,** les **instituteurs** et les **institutrices.**

En le rendant **gratuit,** la **loi** le met à la portée des plus pauvres citoyens. En le rendant **obligatoire,** elle indique qu'il n'y a pas de devoir plus impérieux dans une démocratie, sous un régime de **suffrage universel,** que celui de s'instruire.

Pour que les citoyens prennent tous part aux affaires publiques, il est nécessaire qu'ils aient un certain degré d'instruction. Une démocratie éclairée, nourrie de fortes et saines lectures, sera nécessairement sensible à la raison, au bon sens, à l'équité. Il n'y a rien de plus dangereux au contraire et de plus accessible aux passions qu'une foule ignorante.

L'enseignement secondaire se donne dans les **lycées,** dans les **collèges communaux** qui relèvent de l'**État** ou dans des établissements libres.

Il prépare aux grandes écoles du gouvernement, à l'**École polytechnique,** à l'**École normale supérieure,** à l'**École Saint-Cyr,** à l'**École navale,** à l'**École forestière,** à l'**École centrale,** aux **Écoles** de **droit** et de **médecine.** Il conduit au **baccalauréat ès lettres,** au **baccalauréat ès sciences** et il ouvre ainsi l'accès de beaucoup de professions libérales où le travail de l'esprit tient plus de place que le travail manuel.

L'enseignement secondaire n'est pas **gratuit.** Mais l'**État** le met à la portée d'un certain nombre d'enfants sans fortune en accordant des **bourses,** des demi-bourses, des quarts de bourse aux **candidats** qui ont subi avec succès un examen spécial.

Ces **bourses** sont en grande partie réservées aux fils des vieux serviteurs du **gouvernement.** Il y en a cependant qui s'accordent aux enfants très laborieux et très bien doués, à leur sortie de l'**école primaire.**

Si vous faites preuve, mes amis, d'une intelligence remarquable et d'une grande aptitude au travail, il ne vous sera pas impossible de devenir **boursiers** de l'**État.**

Le colonel que vous avez vu passer ces jours derniers dans votre commune, à la tête de son régiment, est le fils d'un simple sabotier, distingué par ses maîtres à l'**école primaire.** Après avoir passé avec beaucoup de succès l'examen des bourses, il a été désigné au ministre qui lui a ouvert gratuitement la porte d'un **lycée** d'où il est sorti pour entrer à l'**École de Saint-Cyr.** Là encore une nouvelle **bourse** l'attendait. L'**État** l'a ainsi conduit, depuis sa sortie de l'**école primaire,** jusqu'aux commencements de la brillante carrière qu'il parcourt aujourd'hui.

L'ingénieur qui a construit le chemin de fer dont vous voyez passer les locomotives a eu la même fortune. Son aptitude pour les sciences, reconnue et signalée de bonne heure, l'a conduit à l'**École polytechnique** aux frais de l'**État.**

Ce sont là, mes enfants, de très rares exceptions. On

compte peut-être un cas de ce genre sur dix mille. Cela prouve seulement que, dans une société telle que la nôtre, l'espoir d'obtenir la gratuité des études secondaires et supérieures n'est interdit à aucun enfant bien doué.

L'enseignement supérieur se donne dans les grandes **Écoles** de l'**État** et dans les **facultés** de **théologie**, de **droit**, de **médecine**, des **sciences** et des **lettres**. Il prepare à la **licence**, à l'**agrégation**, au **doctorat**. Il y a des **boursiers** de **licence** et d'**agrégation**.

EXERCICES

Quels sont les differents degrés d'enseignement? Pourquoi l'enseignement primaire est-il gratuit et obligatoire ? — A quelles carrieres conduit l'enseignement secondaire ?

— Qu'est ce qu'une bourse dans un lycee, dans un college ou dans une des grandes ecoles de l'État? — Dans quelles écoles differentes se donne l'enseignement supérieur?

X

LA FORCE PUBLIQUE

La **force publique** défend le pays contre toute agression du dehors et porte au besoin la guerre à l'extérieur. Elle est aussi chargée de maintenir l'ordre au dedans.

Les défenseurs de l'ordre à l'intérieur sont les **gendarmes**, les **gardes champêtres**, les **douaniers**, les **officiers de paix** et les **agents de police**, auxquels il faut ajouter pour Paris les **gardes républicains** et les **gardiens de la paix**. L'armée peut être appelée à leur prêter main-forte dans le cas où la tranquillité publique serait menacée ou troublee.

Le service militaire est **obligatoire** de vingt à quarante ans. Tout Français valide doit faire partie de l'armée de terre ou de l'armée de mer.

L'armée se divise en quatre parties qui répondent aux quatre périodes successives de **service militaire** par lesquelles chaque citoyen doit passer. Les jeunes soldats entrent d'abord dans l'**armée active**; de l'**armée active** ils passent dans la **réserve** de l'**armée active**; puis de là dans l'**armée territoriale** d'où ils passent dans la **réserve** de l'**armée territoriale**.

L'**armée active,** seule, reste toujours sous les armes. Les hommes, de la **réserve** sont renvoyés dans leurs foyers, d'où on ne les rappelle qu'en cas de guerre, ou pour des manœuvres annuelles dont la durée est fixée par la **loi.**

En cas de guerre, chacun aurait sa part de fatigues et de dangers. Pendant que l'**armée active** et la **réserve** de l'**armée active** tiendraient la campagne, l'**armée territoriale** garderait les places fortes, escorterait les convois de vivres et de munitions, assurerait la sécurité des communications.

L'armée de terre comprend quatre armes différentes: l'**infanterie,** la **cavalerie,** l'**artillerie** et le **génie.**

Le premier grade que puisse obtenir un soldat est celui de **caporal** ou de **brigadier.** Puis, il peut devenir **sergent** ou **maréchal des logis, sergent-major** ou **maréchal des logis chef,** enfin **adjudant sous-officier.** A partir de ce dernier grade, le plus élevé dans la hiérarchie des **sous-officiers,** la hiérarchie des **officiers** commence : le **sous-lieutenant,** le **lieutenant,** le

capitaine, le **chef de bataillon** ou d'escadrons, le **lieutenant-colonel**, le **colonel**.

Le **colonel** commande un **régiment**, le général de brigade deux **régiments**, le **général de division** deux **brigades**.

Dans l'armée de mer le grade qui correspond à celui de **maréchal de France** est le grade d'**amiral**. Puis viennent le **vice-amiral**, le **contre-amiral**, le **capitaine de vaisseau**, le **capitaine de frégate**, le **lieutenant de vaisseau**, l'enseigne et l'**aspirant**.

On disait autrefois que chaque soldat avait dans sa giberne le bâton de **maréchal de France** Il n'y a plus guère de **maréchaux de France** aujourd'hui, mais il n'est interdit à aucun d'entre vous de prétendre aux trois étoiles du **général de division**, Peut-être un jour, mes enfants, un de vous les rapportera-t-il dans sa commune. Bien des généraux de notre siècle sont partis de leur village en blouse et en sabots

EXERCICES

Quelle est la force publique qui maintient l'ordre à l'intérieur ? — Quelle est la force publique qui fait la guerre? — Quelle différence y a-t-il entre l'armée active et l'armée territoriale? — Les différents grades dans l'armée.

CHAPITRE IV

|Notions très élémentaires de droit pratique.

I

ÉTAT CIVIL

Tout Français est **majeur** ou **mineur, marié**
ou **célibataire,** fils de tel ou tel, etc. C'est ce qui
constitue son **état civil.** Pour exercer les **droits
civils,** par exemple le **droit de propriété,** celui
d'acheter ou de vendre, de donner ou de recevoir,
d'hériter ou de transmettre, il est utile et quelquefois
nécessaire de produire un **acte de naissance,** de
mariage ou de **décès.**

L'acte de naissance établit l'âge de chacun ; il
est rédigé d'après une déclaration qui doit être faite
à la mairie dans les trois jours qui suivent la naissance.

La déclaration doit être faite par le **père** ou, à
son défaut, par le **médecin,** la **sage-femme,** ou
une des personnes qui assistaient à la naissance.

L'acte de mariage doit être précédé de deux
publications et célébré à la mairie devant quatre
témoins.

L'acte de décès est dressé sur la déclaration de
deux **témoins.** L'officier de l'**état civil** ou, dans
certains cas, un **médecin** doit constater le **décès.**

L'inhumation ne peut avoir lieu que vingt-quatre
heures au plus tôt après le décès. Il est arrivé autrefois
cette chose effroyable : des personnes qui n'étaient

point mortes, mais seulement en léthargie, ont été ensevelies vivantes. C'est pour prévenir le retour de semblables horreurs que l'on a pris la précaution dont nous venons de parler.

EXERCICES

A quoi servent les actes de l'état civil? — Comment se dresse un acte de naissance, un acte de mariage, un acte de deces?

II

PROTECTION DES MINEURS

La **majorité** commençant à vingt et un ans, tout Français qui n'a point encore atteint cet âge est **mineur.**

Tant que le **mineur** conserve son **père** et sa **mère,** il est placé par la **loi** sous leur protection. Les **parents** ont le devoir de diriger l'éducation de l'**enfant** et d'administrer légalement sa fortune personnelle.

A la mort du **père** ou de la **mère,** la *loi* protège l'**enfant** par la **tutelle.** La **tutelle** est l'obligation imposée à un individu, généralement à un membre de la famille, de veiller sur la personne du **mineur** et de le représenter dans tous les actes de la vie civile.

Le **tuteur** peut être désigné par le testament du **père** ou de la **mère.** S'il n'y a pas de testament et s'il reste à l'**orphelin** des **ascendants,** c'est à eux que revient la tutelle. S'il ne reste plus **d'ascendants,** c'est le **conseil de famille** qui nomme le **tuteur.**

Le **conseil de famille,** qui se tient sous la présidence du **juge de paix,** est une réunion de **parents** ou d'**amis du mineur.**

Dans les questions graves, s'il s'agit, par exemple, d'aliéner les biens du **mineur**, le **tuteur** est tenu de prendre l'avis du **conseil de famille.**

Le **tuteur** doit veiller sur la conduite, sur l'éducation, sur les intérêts du **mineur,** comme un **père** veillerait sur son **fils.**

Le **mineur** doit au **tuteur,** dont il est le **pupille,** le **respect,** l'**obéissance,** l'**affection** qu'il devrait à ses parents. Il le doit d'autant plus que la charge du **tuteur** est gratuite et l'expose à certaines responsabilités.

EXERCICES

Qu'est-ce qu'un mineur? — Qu'appelle t-on conseil de famille ? — Quels sont les devoirs d'un tuteur ?

— Quels sont les devoirs d'un pupille?

III

LA PROPRIÉTÉ

La **propriété** est le **droit** que nous avons de posséder une chose. Ce droit remonte à l'origine même des sociétés humaines. Dès que l'homme s'est emparé d'un objet qui n'appartenait à personne avant lui, dès qu'il a labouré un champ, ou façonné un morceau de bois pour en faire un outil, il a créé une **propriété.** Il a pu dire : Ce champ est à moi, cet outil est à moi. En effet, il n'avait plus devant lui la matière brute, il avait la matière marquée de son empreinte, transformée par son travail. Cet objet conquis par lui, il a pu le transmettre à ses enfants. Depuis lors la **propriété** est devenue nécessairement **héréditaire.**

Aujourd'hui chaque objet appartient à un propriétaire qui l'a reçu de ses parents, ou qui l'a acheté de ses deniers. Il n'y a plus un coin de terre, par exemple, qui n'appartienne à personne. Chacun est amené ainsi à respecter la **propriété** du voisin, afin de faire respecter la sienne. Chacun, d'ailleurs, peut devenir propriétaire à son tour.

La **loi** reconnaît et protège la **propriété.** Toute atteinte portée à la **propriété** doit être poursuivie devant les **tribunaux** et punie conformément à la **loi.** Le propriétaire a plusieurs moyens de transmettre sa propriété à un autre. Ceux qu'on emploie le plus généralement sont la **vente** et la **donation.**

L'État s'empare quelquefois de la **propriété** privée, mais uniquement pour cause d'utilité publique déclarée, lorsqu'il s'agit, par exemple, d'ouvrir une rue, de tracer une route ou une ligne de chemin de fer. C'est ce qu'on appelle l'**expropriation.** L'État ne peut exproprier qu'après avoir accordé au propriétaire une indemnité dont le chiffre est fixé par un **jury** composé de propriétaires, c'est-à-dire de personnes qui sont toutes intéressées à ne pas estimer trop bas le chiffre de la **propriété.**

Vous voyez, mes enfants, avec quelle sollicitude la **loi** protège l'individu. Dans le chapitre précédent elle défendait le **mineur** par la réunion d'un **conseil de famille** et par la nomination d'un **tuteur.** Ici elle défend le propriétaire contre les voleurs, par l'institution des **tribunaux,** par les garanties que donne la **justice**; elle le défend aussi contre la toute-puissance de l'**État** par la protection que lui assure le **jury d'expropriation.**

IV

LES SUCCESSIONS

Lorsqu'un bien est transmis d'une personne morte à une personne vivante, cela s'appelle une **succession.**

Cette transmission s'opère soit en vertu du **testament** du défunt, soit en vertu du texte de la **loi** si le défunt n'a pas fait de **testament.**

Le **testament** est l'acte par lequel une personne dispose, pour le temps où elle ne sera plus, de tout ou partie de ses biens. Le **testateur** peut écrire l'acte de sa propre main, le dater et le signer. Il peut aussi le dicter à un notaire en présence de quatre témoins.

Le **père** de famille ne peut disposer de toute sa fortune au préjudice de ses **enfants.** La **loi** l'oblige à leur en réserver au moins la moitié, les deux tiers ou les trois quarts, suivant leur nombre. Là encore elle protège l'**enfant** contre les libéralités excessives et les caprices de ses **parents.** Elle empêche que des influences étrangères ne le dépouillent de son patrimoine.

S'il n'y a pas de **testament,** la **loi** attribue la succession aux héritiers légitimes, qui sont d'abord les **enfants** et **petits-enfants,** puis, à leur défaut, le

père, la **mère**, les **frères**, les **sœurs**, les **neveux** et les **nièces**. A défaut de ceux-ci viennent les **grands-parents**, puis enfin les **cousins** aux aux divers degrés, les **oncles** et les **tantes**.

Toutes les précautions sont prises ainsi pour que la négligence d'une personne qui n'aurait pas fait de **testament** ne puisse nuire à ses héritiers. La **loi** défend ceux-ci contre un oubli ou contre la surprise d'une mort prématurée qui n'aurait pas permis au défunt d'exprimer ses dernières volontés.

En toute circonstance, la **loi** française est essentiellement tutélaire. Elle pousse la prévoyance jusqu'à deviner les dangers qui menacent l'individu et jusqu'à le prendre d'avance sous sa protection.

EXERCICES

Qu'est ce qu'une succession ? — Qu'est ce qu'un testament ? — A qui la loi attribue t-elle la succession quand il n'y a pas de testament ?

V

LES CONTRATS LES PLUS USUELS, VENTE, LOUAGE, ETC.

Un **contrat** est l'accord qui se fait entre deux personnes pour créer entre elles une **obligation**. Dans un **contrat**, les deux personnes qui signent s'engagent l'une envers l'autre. Votre père achète un champ à son voisin, moyennant la somme de 1,000 francs. Tous deux sont engagés, votre père à verser 1,000 francs, son voisin à céder son champ.

Les **contrats** sont libres, pourvu qu'ils ne renferment rien de contraire à la morale et à l'ordre public.

Tous les engagements pris dans un **contrat** doivent être tenus avec une entière bonne foi.

Ce qui caractérise la **vente**, c'est qu'elle se fait moyennant de l'argent. Lorsque, en allant à l'école, vous offrez une pomme à un de vos camarades pour avoir une de ses billes, vous ne faites pas une **vente**, vous faites un échange. Si vous lui cédiez votre couteau pour un franc, vous feriez cette fois une sorte de **vente**. Les petites **ventes** de ce genre se font de la main à la main sans **contrat**. L'épicier vous vend du sucre, du café, du riz, également sans **contrat**.

Mais le **contrat** est nécessaire pour l'achat d'une **propriété**. C'est le **contrat** qui assure le droit de l'**acheteur** et le met au lieu et place du **vendeur**.

Après la **vente**, le **contrat** le plus usuel est le **contrat de louage**. Il y a deux sortes de **louages**, le **louage de choses** et le **louage de services**. Vous pouvez louer un logement, une ferme. C'est un **louage de choses**. Le **bail** est le **contrat** qui détermine les conditions de l'accord entre le propriétaire et le locataire. Le **bail** peut être fait par écrit ou de vive voix. Pour éviter les difficultés, il est plus prudent de le faire par écrit.

Celui qui loue une maison ou un logement s'appelle simplement **locataire**; celui qui loue un bien rural s'appelle, suivant les conditions du **bail, fermier, colon** ou **métayer**.

Le **louage de services** est le contrat par lequel les domestiques et les ouvriers louent leur **travail** en échange d'un **salaire**. Les conditions du **contrat** sont fixées ou par des conditions formelles entre les parties ou par l'usage des lieux. Seulement le domestique ne peut s'engager à servir toute sa vie chez le même maître. La **loi** ne lui permet pas d'aliéner pour toujours sa liberté, elle le protège contre lui-même. Le maître ne peut pas non plus le retenir malgré lui. Il est libre de s'en aller, à condition de dédommager le maître du préjudice qu'il lui cause en le quittant avant l'époque fixée.

Par le **contrat d'apprentissage** un jeune ouvrier s'engage à travailler chez un **patron** qui s'engage en retour à lui enseigner la pratique de sa profession. Vous serez peut-être un jour apprentis, mes enfants ; tenez fidèlement les engagements que vous aurez pris. Le **contrat** sera fait entre le **patron** et votre **père** ou votre **tuteur**, qui s'engagera pour vous. Vous trouverez dans cette circonstance, comme partout, la protection de la **loi**. Votre engagement ne sera définitif qu'au bout de deux mois, pendant lesquels vous aurez eu le temps de voir si vous pouvez supporter les ennuis ou les fatigues du métier.

La durée de votre travail ne pourra pas dépasser un certain nombre d'heures proportionnées aux forces de votre âge.

Le **contrat de mariage** règle les rapports pécuniaires du mari et de la femme. Il y a encore d'autres **contrats** dont vous apprendrez plus tard l'usage, mes enfants, mais dont il serait inutile de vous parler aujourd'hui.

EXERCICES

Qu'est-ce qu'un contrat? — Quelle différence y a t-il entre une vente et un échange ? — Qu'est-ce que le louage de choses? — Qu'est-ce qu'un bail ? — Qu'est-ce que le louage de services ? — Qu'entend-on par le contrat d'apprentissage?

CHAPITRE V

Entretiens préparatoires à l'intelligence des notions les plus élémentaires de l'économie politique.

I

L'HOMME ET SES BESOINS, LA SOCIÉTÉ ET SES AVANTAGES

Pour l'**homme,** comme pour toutes les créatures, le premier, le plus impérieux de tous les besoins, c'est le **besoin** de vivre. A l'état sauvage, il chasse, il pêche, il cueille les fruits et les racines pour se nourrir. Mais il s'aperçoit bientôt qu'il peut **produire** lui-même ou forcer la nature à **produire** à son profit les objets qu'il **consomme.** C'est alors que la civilisation commence.

Avec la civilisation se révèlent les phénomènes économiques.

Dès que l'homme éprouve des **besoins** variés qu'il cherche à satisfaire, il crée sans le savoir les éléments de **l'économie politique.** Il apprend à tirer parti de la société de ses semblables pour agir sur la nature avec des moyens plus puissants.

La terre produira davantage et deviendra plus féconde si elle est travaillée par un certain nombre de bras qui s'unissent pour en tirer les richesses qu'elle renferme. La différence des aptitudes et des forces physiques amène les hommes à fabriquer des objets différents qui servent à l'utilité de tous. Le maçon, le menuisier, le serrurier, le couvreur, le peintre, contribuent, chacun de son côté, à la construction d'une maison dont tous profitent.

Isolés, ils ne faisaient que des œuvres incomplètes ; réunis, ils produisent une œuvre d'ensemble.

La société procure à **l'homme** un avantage matériel d'un autre genre ; elle lui permet **d'échanger** ses **produits** avec ceux de ses voisins. Le pays qui peut **produire** le blé et nourrir les bestiaux envoie le froment et la viande aux terres plus sèches où ne pousse que la vigne. A leur tour les pays vignobles fournissent le vin aux terres froides et humides ; certaines contrées, la pierre ; d'autres, le bois ; d'autres, le charbon ou le minerai. Le jour où elles échangent leurs **produits,** chacune d'elles peut jouir des avantages de toutes les autres.

II

LES MATIÈRES PREMIÈRES, LE CAPITAL, LE TRAVAIL ET L'ASSOCIATION

Les **matières premières** sont les biens naturels que **l'homme** transforme à son avantage par le *travail.*

Il sème des graines, par exemple, il cultive la terre où il a déposé cette **matière première** et il en retire une récolte. Il recueille cette autre **matière première,** l'eau de la mer ; il la soumet aux rayons du soleil et il en retire le sel.

Le minerai, que nous arrachons aux entrailles de la

terre, se transforme en fonte, en fer, en acier, lorsqu'il a été travaillé par nous.

Le **capital** est une accumulation d'**épargnes,** une somme de valeurs acquises d'avance et représentées soit par des bâtiments, soit par des machines, soit par des acquisitions de **matières premières,** soit par de l'argent.

Qu'est-ce qui permet au cultivateur d'avoir des bestiaux nombreux dans ses étables, des travailleurs sur ses terres et des récoltes dans ses granges? C'est le **capital.** Sans bâtiments et sans argent, il n'aurait d'autres ressources que le **travail** de ses deux bras.

Comment se sont construites ces grandes manufactures, ces grandes usines où vous voyez tant de machines en mouvement ? Grâce au **capital.**

Dans le plus petit atelier le **capital** joue un rôle. Tout l'outillage, toutes les matières premières, tous les aménagements sont une forme du **capital.**

C'est le **capital** qui alimente le travail et qui paye les **salaires.** Le **travail** est l'effort que fait l'**homme** pour tirer parti des **matières premières** que lui fournit la nature et pour **produire** la richesse. Sous la main du travailleur qui agit, la nature n'est qu'un instrument passif. Il y a deux sortes de **travail,** le **travail** du corps et le **travail** de la pensée. Tous deux sont également nécessaires à la société.

C'est le **travail** de la pensée qui produit la **science** et qui par la **science** perfectionne les instruments de **travail manuel.** S'il n'y avait pas d'activité intellectuelle, les outils ne se perfectionneraient point. D'autre part, à quoi serviraient les outils les plus ingénieux, s'il n'y avait pas de bras pour s'en servir ?

Le **travail** de l'**homme** isolé serait peu de chose.

Beaucoup d'efforts seraient dépensés inutilement. Ce qui féconde le **travail** c'est l'**association.** Dans une ferme bien organisée, le maître distribue à chacun sa besogne ; la ménagère s'occupe de la basse-cour, les uns gardent et soignent les bestiaux, tandis que les autres conduisent les voitures ou cultivent la terre.

Dans une manufacture vous voyez des **femmes** qui font des travaux délicats, des **hommes** qui font des travaux de force, des **mécaniciens** qui réparent l'outillage, des **chauffeurs** qui conduisent des machines à vapeur, des **commis** qui tiennent des comptes, un **caissier** qui paye et qui reçoit, des **contre-maîtres** qui surveillent, un **patron** qui dirige.

Chacun remplit ainsi une fonction différente et concourt à l'œuvre commune. On obtient par cette division du **travail** des résultats infiniment supérieurs à ceux que produirait le **travail** isolé.

Les mêmes travailleurs fourniraient dans le même nombre d'heures une somme d'efforts plus considérable et beaucoup moins de **produits** si chacun d'eux était livré à lui-même.

EXERCICES

Qu'entend-on par matières premières ? — Qu'est-ce que le capital ? — Quels sont les avantages du capital ? — Importance du travail intellectuel et du travail manuel. — Inconvénients du travail isolé. — Avantages de l'association.

III

LA PRODUCTION DE L'ÉCHANGE

L'homme par son intelligence, par ses procédés et par ses découvertes, accroît sans cesse sa force productrice. D'une part, il agit sur lui-même, de l'autre, sur la nature.

Sa puissance de **production** se manifeste par son **travail,** par le **travail** de ses mains et par celui de son intelligence; elle se manifeste également par l'emploi de son **capital,** par l'accumulation d'épargnes au moyen desquelles il utilise la matière.

Il ne suffit pas de **travailler** pour **produire,** car on pourrait **travailler** en pure perte, s'imposer un mouvement stérile. On ne **produit** réellement qu'à la condition de créer quelque chose d'utile.

En **travaillant,** l'homme **consomme** des **produits ;** il faut qu'il se nourrisse et qu'il s'entretienne. Il use ses **matières premières** et ses outils : il détruit par conséquent des utilités; il n'a réussi à **produire** que s'il crée un plus grand nombre d'utilités qu'il n'en détruit.

Si chacun de nous **produisait** tout ce qu'il **consomme,** chacun pourrait à la rigueur se suffire à lui-même. Mais il n'en est pas ainsi. Nous **consommons** en général plus de choses différentes que nous n'en **produisons ;** de là vient le besoin que nous avons des autres et la nécessité de l'**échange.**

Par l'**échange** nous nous procurons ce que les autres ont de trop et nous leur donnons en échange ce que nous ne **consommons** pas. Un exemple bien simple fera comprendre cette loi de l'**économie politique.** Un pêcheur prend plus de poisson qu'il ne peut en manger; il a pour voisin un chasseur qui tue plus de gibier qu'il n'en **consomme.** En échangeant leurs produits, ils se rendent l'un à l'autre un service réel.

Telle est la forme primitive de l'**échange : produit** contre **produit.** Dans les sociétés civilisées on **échange** plus généralement un **produit** contre de l'argent : on achète et on vend.

On **échange** aussi un **travail** contre un **salaire**. Un cultivateur qui a besoin d'être aidé dans la culture de sa terre paye les bras qu'il emploie. Un manufacturier rémunère ses ouvriers en **échange** du temps qu'il leur prend et du **travail** qu'il reçoit d'eux.

C'est aussi à titre d'**échange** que le médecin fait payer ses conseils, le professeur ses leçons.

Ce qui détermine la valeur d'une chose, c'est le besoin qu'on en a. On connaît cette valeur par la loi de **l'offre** et de la **demande.**

Plus un objet est rare, plus le prix doit en être élevé : il y a plus de personnes qui le demandent que de personnes qui l'offrent. Si au contraire il est très abondant, on l'offre plus qu'on ne le demande. Son prix baisse, par conséquent. C'est la loi de **l'offre** et de la **demande** qui règle les conditions du marché industriel et commercial.

EXERCICES

Comment l'homme produit-il ? — A quelles conditions y a-t-il réellement production ? — Quels sont les avantages que nous procure l'échange ? — Qu'appelle-t-on la loi de l'offre et de la demande ?

IV

L'ÉPARGNE. — LES SOCIÉTÉS DE PRÉVOYANCE, DE SECOURS MUTUELS, DE RETRAITE

L'épargne est la source du **capital** et, par conséquent, un élément essentiel de la **production.** Elle est due à l'**économie** de l'homme qui **travaille** et qui, au lieu de **consommer** tout ce qu'il produit en met en réserve une partie.

L'ouvrier qui gagne trois francs par jour et qui ne dépense que deux francs cinquante centimes fait une

épargne; il se prépare déjà un commencement de **capital.**

Un homme qui **travaillerait** sans jamais **épargner** resterait toujours au même point. Il recommencerait chaque jour la même besogne sans être plus avancé au bout d'un an qu'au bout de dix jours. Il ne pourrait pas se reposer, sous peine de mourir de faim; dépensant tout ce qu'il gagne, à mesure qu'il le gagne, il serait désarmé contre le chômage, la fatigue, la maladie.

Aussi la société fait-elle tout ce qu'elle peut pour stimuler chez les travailleurs le goût de l'**épargne** et pour leur faciliter les moyens d'économiser.

Les **caisses d'épargne** rendent aux classes laborieuses le double service de recevoir les économies les plus modestes et de les restituer à la première demande, lorsqu'un embarras ou un besoin imprévu force le déposant à les réclamer.

Les **sociétés de prévoyance,** de **secours mutuels,** de **retraite,** conçues dans le même esprit, ne sont pas moins dignes d'encouragement.

Elles permettent à chaque citoyen de faire pour lui-même ce que l'État fait pour ses anciens serviteurs; de s'assurer une retraite.

Grâce à ces institutions bienfaisantes, le **travailleur** qui prélève une faible part de son **salaire** quotidien peut se réserver des ressources pour le temps où ses forces diminueront, où la vieillesse ne lui permettra plus de **travailler.**

EXERCICES

Quels sont les résultats et les avantages de l'epargne? — Quel serait le sort du travailleur qui ne ferait pas d'économies? — Quels services rendent les caisses d'épargne, les sociétés de secours mutuels, de prévoyance, de retraite?

FIN

TABLE DES MATIÈRES.

CHAPITRE V

L'ENFANT DANS LA PATRIE ET DANS LA SOCIÉTÉ

LIVRE II

LA MORALE ÉLÉMENTAIRE

CHAPITRE PREMIER

DEVOIRS ENVERS SOI-MÊME

CHAPITRE II

LE CORPS

CHAPITRE III

L'ÂME

CHAPITRE IV

DEVOIRS ENVERS LES ANIMAUX

CHAPITRE V

DEVOIRS ENVERS LES AUTRES HOMMES ET ENVERS DIEU

LIVRE III

NOTIONS D'INSTRUCTION CIVIQUE

CHAPITRE PREMIER

LE CITOYEN. — LES DEVOIRS. — OBÉISSANCE AUX LOIS. — L'OBLIGATION SCOLAIRE.

CHAPITRE II

DROITS QUI CORRESPONDENT AUX DEVOIRS DU CITOYEN

CHAPITRE III

L'ORGANISATION POLITIQUE, ADMINISTRATIVE ET JUDICIAIRE DE LA FRANCE

CHAPITRE IV

NOTIONS TRÈS ÉLÉMENTAIRES DE DROIT PRATIQUE

CHAPITRE V

ENTRETIENS PRÉPARATOIRES A L'INTELLIGENCE DES NOTIONS LES PLUS ÉLÉMENTAIRES DE L'ÉCONOMIE POLITIQUE

Paris. — Imp de la Soc. anon de publ périod. — P. Mouillot.

www.ingramcontent.com/pod-product-compliance
Ingram Content Group UK Ltd.
Pitfield, Milton Keynes, MK11 3LW, UK
UKHW020159130726
13696UKWH00002B/595